高等职业教育学前教育新业态系列教材

总主编◎赵 刚 于冬青

You'er Jiaoshi
Wudao Jineng

幼儿教师舞蹈技能

教学视频
附教学资源
伴奏音频

主 编◎鲁雨菡 鲁雨茉
副主编◎乜 伟

同濟大學出版社
TONGJI UNIVERSITY PRESS
·上海·

内 容 提 要

本书是“高等职业教育学前教育新业态系列教材”中的一本，集理论与实践于一体，以就业为导向，以岗位要求为标准，立足于专业技能教学、就业岗位需求和专业资格认证三位一体理念进行编写。

全书分为理论篇和实践篇。理论篇介绍了舞蹈的基本理论，帮助学习者夯实教学理论基础；实践篇包括舞蹈基础组合和中国民族民间舞蹈组合，有针对性地为每个舞蹈组合提供教学提示，让学习者能够更加规范地进行舞蹈动作教学，并在舞蹈训练的基础上进行创编与表演训练，提高小组创编能力，增强学习者与他人合作的能力。

本书图文结合，清晰明了，并配有视频与音频供教学使用。

本书可作为普通高等院校和职业学校学前教育专业学生的教材，也可作为群众艺术馆、舞蹈培训教育机构和广大业余舞蹈爱好者的专业参考和音像教材。

图书在版编目（CIP）数据

幼儿教师舞蹈技能 / 鲁雨菡，鲁雨茉主编；乜伟副主编. -- 上海：同济大学出版社，2025. 6. --（高等职业教育学前教育新业态系列教材 / 赵刚，于冬青主编）. -- ISBN 978-7-5765-1670-8

Ⅰ. G613.5

中国国家版本馆CIP数据核字第2025MD3918号

幼儿教师舞蹈技能

主　编　鲁雨菡　鲁雨茉　　**副主编**　乜　伟

责任编辑　夏晗丹　**责任校对**　徐逢乔　**封面设计**　渲彩轩

出版发行　同济大学出版社　www.tongjipress.com.cn

（地址：上海市四平路1239号　邮编：200092　电话：021-65985622）

经　　销　全国各地新华书店、网络书店

排版制作　南京展望文化发展有限公司

印　　刷　苏州市古得堡数码印刷有限公司

开　　本　787mm × 1092mm　1/16

印　　张　7

字　　数　162 000

版　　次　2025年6月第1版

印　　次　2025年6月第1次印刷

书　　号　ISBN 978-7-5765-1670-8

定　　价　39.80元

序一

在家校社协同育人的教育体系里，幼儿进入小学之前的教育对其人生质量具有初始性、奠基性的重要作用。我国有“三岁看大，七岁看老”之说，德国多纳塔·艾申波茜博士的《小脑袋，大世界》一书中有两句话风靡全球：1 ～ 7岁也许不到人生的10%，却决定了人生的70%；只有发掘好人生的前8年，才能过好人生的80年。这些都是对幼儿园教育、家庭教育重要作用的形象表述。随着我国“十四五”规划的全面布局，学前教育进入新发展阶段，发展的重点将从资源供给逐步转向内涵提升。要办好让人民满意的学前教育，配齐配强教师队伍是关键。近年来在学前教育专任教师中，获得专科以上学历的教师已占绝大部分，教师专业水平明显提升。其中，高职院校培养和向社会输送了大量高素质技能型专业人才，为我国学前教育事业发展提供了强大的智力支撑，发挥了职业教育中学前教育专业独特的优势与作用。

社会发展、科技进步与教育改革，使幼儿教育事业面临少子化、市场化、信息化等多重挑战。随着广大家庭对子女教育质量要求的不断提升，幼儿教育事业出现了前所未有的行业发展新形态，这既是挑战，又是机遇。我们深刻感到，要走好教育强国建设的历史新征程，为社会培养更多适应这种变化的优秀幼师仍是学前教育专业工作者的重大课题。为此，我们进行了一项既意义重大又极具挑战性的实践：编写一套适应职业院校学前教育专业教学的系列教材，为新发展格局下我国职业教育学前教育专业的教学改革提供有效支持。

教材应体现党和国家的意志，学前教育专业教材更应站稳中国立场，讲好中国故事，传递中国声音。为了编好本套教材，我们前后进行了一年多的调研，聚集了一批优秀的教育实践工作者和教育理论研究者，深入贯彻落实《3 ～ 6岁儿童学习与发展指南》《幼儿园教育指导纲要》等文件精神，探讨学前教育领域的新形势、新理念，凝聚共识，落实要点。编写者们拥有丰富的教学经验和先进的教学理念，具备深厚的教材编写功底，更重要的是，他们对教育事业怀有巨大的热忱，无私地分享自己的教学经验，引领更多的教师教出更好的学生。

这套“高等职业教育学前教育新业态系列教材”的编写，遵循“德技并修，理实一体，重构转化，创新探索”的融通育人原则，展示了学前教育专业的课程体系，涵盖本专业的基础课、核心课和选修课，利于学生构建全面牢固的知识体系；突出了教育专业学生的职业道德要求，提炼思政要素，整理思政教学案例，明确德育目标，引导学生锤炼高尚品格；适应了技能型人才培养的职业教育导向，按照新形态体例编写，对准幼儿园教师岗位需求，以实用技能培训为引领，帮助学生及早适应真实工作环境；强化了理论知识的学习要点，在职业教育层次应掌握的理论水平上更进一步，提供更丰富的学习内容，满足高职学生精进学业、提升学历的现实需求；运用了多样的教学手段，顺应融媒体、数字化赋能教育的潮流，配备丰富教学资源，将教学内容以多种形式呈现给学生，促进学生高效学习。

这套力图适应新形态、新业态的教材，需要学前教育工作者在教学实践中不断发现问题、改进问题，从而日臻完善，成为学生、读者的良师益友，为我国学前教育事业的高质量发展添砖加瓦。

东北师范大学家庭教育研究院院长

国务院妇女儿童工作委员会儿童工作智库专家

教育部幼儿园园长培训中心讲座教授

中国教育学会学术委员会委员与家庭教育专业委员会副理事长

序二

作为一种重要的艺术审美活动，舞蹈与人类社会的生产生活密切相关，这从其起源就可见一斑。一方面，人类的生产生活活动，特别是庆典活动、宗教活动、祭祀活动等，就内含了特定的舞蹈形式；另一方面，人类的生产生活活动也需要通过舞蹈等艺术形式加以提炼、概括、反映和表现，以满足人类的精神需求。经过上千年的演变，舞蹈艺术从传统形式走向现代形态、从古典标准走向世俗景观、从民间遗存走向大众视野，不断在传承中发展、在互鉴中相融、在批判中创生，实现了创造性转化和创新性发展，成为人类共有的文化瑰宝。

为了把舞蹈这一文化瑰宝利用好、传承好、发展好，既需要一支热爱舞蹈事业并以舞蹈作为毕生追求的专业队伍，又需要一大批对舞蹈有着浓厚兴趣的社会热心同人；既需要舞蹈专业人员的悉心研究、创新和引领，又需要社会各界的广泛参与、宣传与推广。教育特别是舞蹈教育发挥着独特而重要的作用，因为它对于舞蹈文化的普及、传承、研究与创新有着重大而深远的意义。今天，要做好舞蹈教育工作，关键有二：一是要建设一支高质量的舞蹈教师队伍；二是要从娃娃抓起，做好舞蹈后备人才的培养工作。这就对舞蹈教师尤其是幼儿园教师的艺术素养提出了较高要求。早在2012年，我国就制定了《幼儿园教师专业标准（试行）》，从“专业理念与师德”“专业知识”“专业能力”三个维度阐述了幼儿园教师的专业素养。其中，在“专业知识”维度上，明确把“具有相应的艺术欣赏与表现知识”作为幼儿教师应具有的“通识性知识”。这说明，幼儿教师的舞蹈素养不仅直接关系到幼儿舞蹈启蒙教育的成效，更影响到幼儿园的保教质量和办园水平。

要提升广大幼儿教师的舞蹈专业水平，离不开对其进行舞蹈知识专业培训，而编写一本适合幼儿教师的舞蹈通识性教材，就是一项基础性工作。特别是在当前高职学前教育专业学生已经成为我国幼儿园教师的主要来源和重要主体的背景下，打造高质量的高职学前教育专业，培养高质量的学前教育专业学生，为幼儿园输送一批又一批高质量的学前教育专业教师，构建高质量的学前教育体系，更是时代赋予的重要使命。作为其重要抓手，课程教材建设如何实现与时代同向、与时代同行，就成为一个重要问题。现在，呈现在我们面前的这本《幼儿教师舞蹈技能》，正是从这一时代要求出发，本着立德树人根本任务和为党育人、为国育才的使命，围绕未来高职教育和学前教育改革的方向和重点，结合广大高职院校学前教育专业学生的特点而编写的一本幼儿舞蹈教材，体现出强烈的时代性、基础性、实践性和教育性，堪为广大幼儿教师增长舞蹈艺术知识、提升舞蹈艺术技能、厚植舞蹈艺术素养、创生舞蹈艺术教学的有效载体和通识读本。

《幼儿教师舞蹈技能》一书循着从理论到实践、从简单到复杂、从基础到高阶的思路，依次为我们呈现了关于舞蹈的基本理论知识、基础组合技能和复合组合技能，在具体教学单元中，又分别从学习目标、教学内容、教学视频及音乐、注意要点等方面予以呈现，既为广大幼儿教师掌握舞蹈技能提供了便捷路径，又为他们胜任幼儿舞蹈教学工作提供了重要支架，成为他们实现高质量幼儿舞蹈教学的行动指引和实用手册。全书图文并茂，音频与视频相融、示范与体验结合，既注重教师舞蹈之“教”的阶段性、完整性和系统性，又注重学生舞蹈之“学”的操作性、实效性和发展性，对幼儿教师开展幼儿舞蹈教学具有较强的指导意义和实践价值。

当前，我国正在贯彻党的二十大精神和习近平总书记在文化传承发展座谈会上的讲话精神，持续推进文化自信自强，奋力铸就社会主义文化新辉煌，加快建设文化强国和中华民族现代文明。在这一时代背景下，如何建构当代中国的舞蹈文化，使其真正为人民而舞、为时代而舞、为民族而舞，就成为一个重要问题。本书以中华民族的诸多民族民间舞蹈形式为基本依托，全方位展示了中华优秀舞蹈文化的多元样态和丰厚内涵，同时借鉴吸收了西方舞蹈文化的精华与精髓，致力于构建具有中国特色的当代舞蹈文化体系，这一努力是值得肯定的。当代中国舞蹈文化的建构并非易事，它是一项系统工程，需要政策、制度、资金、项目、生态等的配套，也离不开全社会的共同努力。在此，我衷心希望鲁雨菡老师再接再厉，能在本书的基础之上，继续推出更多更优秀的舞蹈教育成果，为繁荣我国的舞蹈教育事业，构建具有中国特色、中国风格和中国气象的舞蹈教育体系作出更大的贡献！

是为序。

上海市教育科学研究院研究员

《教育发展研究》和《中国高等教育评估》副编审

前言

习近平总书记强调，要全面加强和改进学校美育，坚持以美育人、以文化人，提高学生审美和人文素养。《关于全面加强和改进新时代学校美育工作的意见》指出，要“加强美育与德育、智育、体育、劳动教育相融合”“学前教育阶段开展适合幼儿身心特点的艺术游戏活动”。舞蹈教育作为美育的重要组成部分，是美与运动的艺术，能充分体现中华美育精神与民族审美特质的心灵美、礼乐美、行为美、健康美，对学生增强肢体表现能力、提升艺术素养、塑造美好心灵具有重要作用。

本书的编写落实《关于推动现代职业教育高质量发展的意见》《职业院校教材管理办法》有关部署，遵循《3～6岁儿童学习与发展指南》，突出《教师教育课程标准（试行）》的基本要求和教师专业发展的实用性。从幼儿教师职前发展需要出发，着重体现学前教育专业学生的实践性知识的构建与运用，注重对幼儿教师运用理论知识分析和解决教育教学实际问题的基本能力的培养。根据现代学前教育专业要求和幼儿舞蹈教师的职业能力要求，按照学前教育专业舞蹈课程的教学目标以及人才培养方向，力求将幼儿舞蹈教学训练中的规范性、理论性、实践性相结合，提高幼儿教师的舞蹈素养。

全书分为理论篇和实践篇。理论篇介绍了舞蹈的基本理论，帮助学习者夯实教学理论基础；实践篇包括舞蹈基础组合和中国民族民间舞蹈组合，有针对性地为每个舞蹈组合提供教学提示，让学习者能够更加规范地进行舞蹈动作教学。其中，中国民族民间舞蹈组合是我国民间文化的载体，学生可以通过学习中国少数民族舞蹈切身了解每个民族独特的生活习俗、观念信仰，从而拓宽视野，激发文化认同感和民族自豪感，实现文化自信。

本书充分体现学前教育专业舞蹈课程教学的基本要求，每一个训练都有明确的目标和要求。全书采取图文结合的方式，清晰明了，同时配有音频与视频，方便教学使用。

本书吸纳了许多优秀音乐作品，在此向所有乐曲创作者致以深深的谢意。由于曲目较多，力有不逮，如有尚未取得联系的作者，烦请在阅及本书时联系我们。

本书在编写过程中得到了广大同人的关心与支持，在此表示衷心的感谢。限于时间与水平，本书难免有不足之处，诚恳希望各位读者批评指正！

编　者

2024年10月

编写说明

本书的动作说明以文字描述为主，以图片说明为辅，并配有视频资料，扫描书中二维码即可获取。本书以舞台方位与人体自身方位结合的方式记录舞蹈动作。舞台方位与舞蹈教室的八个方位相同。

舞台（教室）

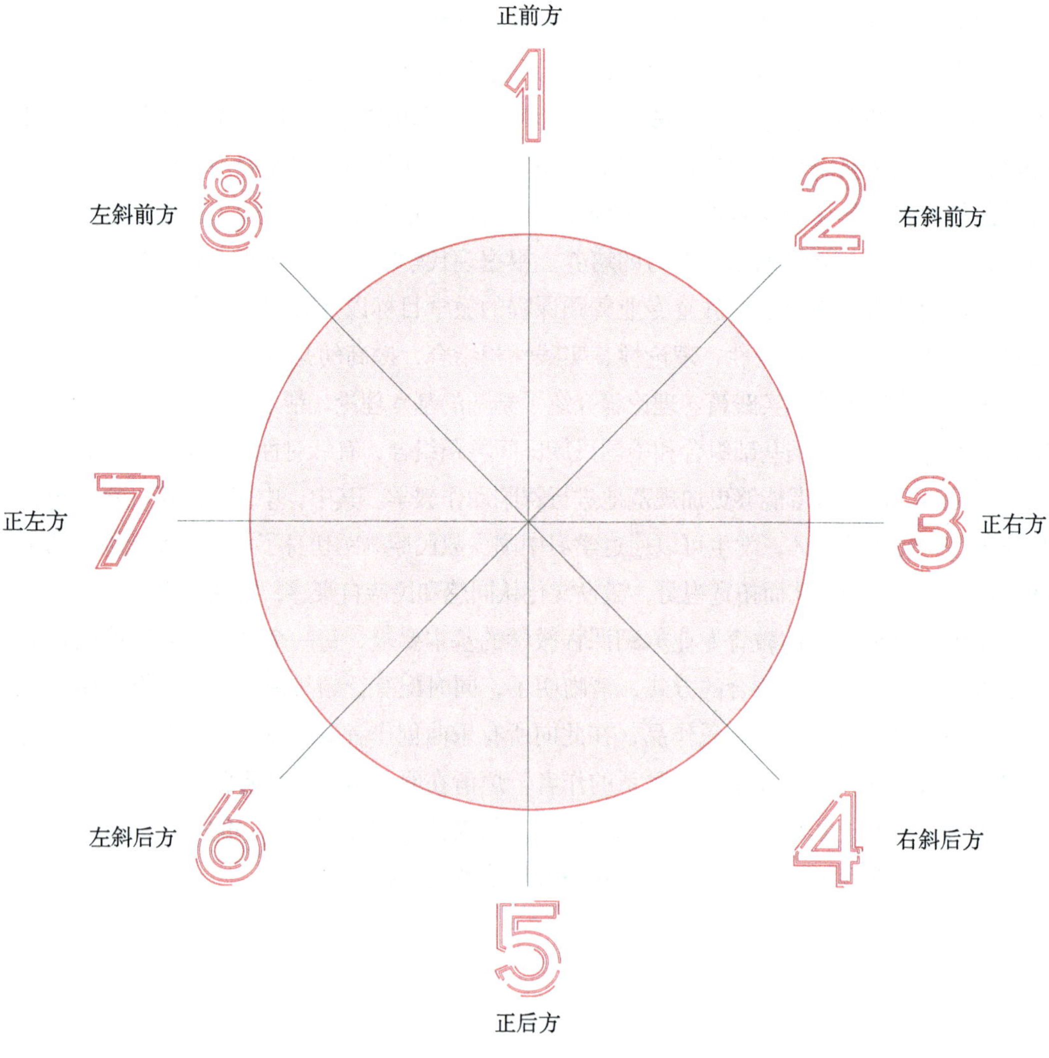

目录

理论篇

第一章 舞蹈基本理论知识

第一节 舞蹈概述

一、舞蹈的定义

舞蹈是一种用身体的动作、姿势来表达情感、故事、意象或概念的艺术形式。它是一种以动作为中心的表演艺术，通常与音乐、舞台设计和视觉效果相结合，以创造出丰富的舞蹈形象。舞蹈具有以下要素。

（一）动作和姿势

舞蹈艺术中，无论是轻盈的步伐、激昂的跳跃、优雅的旋转，还是瞬间的定格姿势，都蕴含着丰富的内涵。舞蹈不仅是肢体的机械运动，更是舞蹈者内心情感的外在映射。步伐的稳健与轻盈、跳跃的高度与力度、旋转的速度与流畅，以及姿势的优美与张力，共同编织出一幅幅生动的画面，讲述着舞蹈者的心声，引领观众走进一个充满想象与情感的世界。

（二）节奏和音乐

音乐是舞蹈艺术中不可或缺的一环。音乐以其节拍、节奏和旋律，为舞蹈提供了时间与空间的框架。舞蹈者随着音乐的起伏跌宕，将内心的情感化作动作的律动，与音乐的每一个音符、每一个节拍相呼应。这种配合不仅让舞蹈更具感染力，也让观众在音乐的引领下，更加深入地理解舞蹈者的情感与意图。音乐是舞蹈的灵魂，而舞蹈则是音乐最生动的诠释。

（三）情感和表达

舞蹈是情感的表达，是舞蹈者内心世界的真实写照。通过动作、面部表情、身体语言和姿势，舞蹈者将内心的喜怒哀乐传递给观众。每一个细微的动作，每一个眼神的流转，都蕴含着丰富的情感色彩。舞蹈能够跨越语言的障碍，直击人心，引起观众的情感共鸣。它不仅是舞蹈者自我表达和情感释放的媒介，更是观众与舞蹈者之间情感交流的桥梁。

（四）创造性表演

舞蹈是舞蹈者创造力的结晶。舞蹈者通过巧妙的动作编排，创造出独一无二的舞蹈作品。舞蹈作品不仅展示了舞蹈者的技巧与个性，更体现了他们的艺术观点与审美追求。在舞台上，舞蹈者用身体作画笔，以动作为色彩，勾勒出一幅幅绚丽多彩的艺术画卷。他们的演绎是对艺术的探索与追求，是对美的无限向往。

（五）文化和社会背景

舞蹈是文化的载体，是社会的镜像。在不同的文化和社会背景下，舞蹈呈现出独特的风格、传统和意义。它反映了特定文化的价值观、信仰和习俗，展示了社会身份和身份认同。庄重典雅的古典舞、自由奔放的现代舞、质朴热情的民族舞、时尚潮流的街舞、精致唯美的芭蕾舞，都深深地烙印着各自文化的印记。舞蹈成为了连接过去与现在，沟通不同文化与民族的桥梁。

舞蹈作为一种艺术形式，具有广泛的种类和风格。它以独特的魅力满足了人们多样化的艺术需求和审美体验。在舞蹈的世界里，我们不仅可以欣赏到舞蹈者精湛的技艺和优美的身姿，更可以感受到他们内心的情感与追求。舞蹈是灵魂的旋律，是姿态的诗篇，它让我们在艺术的海洋中畅游，感受生命的律动与美好。

二、舞蹈的起源

舞蹈作为人类最古老的艺术形式之一，宛如一条源远流长的长河，承载着人类社会发展的厚重历史与丰富情感。关于舞蹈的起源，众多学者从不同角度进行了深入研究与探讨，形成了多种经典假说和理论，这些研究犹如璀璨繁星，照亮了我们对舞蹈起源的认知之路。

（一）模仿说：天性驱动的艺术萌芽

模仿说的思想根源可追溯至德谟克利特、柏拉图、亚里士多德等古希腊哲学家。他们秉持“艺术本是一种模仿的形式”的观点，认为模仿乃人的天性与本能。人类在日常生活中，总会不自觉地模仿自然界中形形色色的事物，如摇曳生姿的柳枝、汹涌澎湃的海浪、灵动奔跑的动物等。在模仿的过程中，一部分人借助颜色和姿态塑造形象，另一部分人运用声音进行模拟，而舞蹈则是人们用姿态的节奏描摹动态。亚里士多德认为，舞蹈的目的应当是通过节奏性的动作去模仿性格、感情和行为。在远古时期，人们或许通过模仿动物的动作来提升狩猎技能，这些模仿动作逐渐融入节奏与韵律，最终演变为早期的舞蹈形式，成为人类表达情感与思想的独特方式。

（二）游戏说：过剩精力的释放与愉悦体验

游戏说的代表人物是康德、席勒。席勒认为艺术就像游戏一样，艺术的根本起因就是“游戏的冲动”，这种冲动促使人们开展各种排除功利目的的游戏活动。游戏能够让人在身心上获得放松与愉悦，同时使过剩的精力得以健康、合理地发泄。人们在游戏过程中，创造出了舞蹈等艺术形式。例如，孩子们在玩耍时，常常会自发地蹦蹦跳跳，做出各种富有节奏感的动作，这些动作或许就是舞蹈的雏形。游戏说强调舞蹈起源于人类追求快乐与自我表达的内在需求，这为舞蹈起源的研究提供了一个独特视角。

（三）劳动说：生产实践孕育的艺术之花

劳动说的起源与德国心理学家威廉·冯特（Wilhelm Wundt）以及俄国马克思主义理论家和政治家格奥尔基·瓦连廷诺维奇·普列汉诺夫（Georgi Valentinovich Plekhanov）

紧密相关。威廉·冯特在《伦理学》一书中提出，“游戏是劳动的产儿。没有一种形式的游戏不是以某种严肃的工作做原型的。不用说，这个工作在时间上是先于游戏的”。普列汉诺夫指出，“解决劳动对于游戏 —— 或者也可以说，游戏对于劳动——的关系问题，在阐明艺术的起源上是极为重要的”。进而他认为艺术不是起源于游戏，而是起源于生产劳动。“劳动先于艺术，总之，人最初是从功利观点来观察事物和现象，只是后来才站到审美的观点上来看待它们。”从劳动说的角度来看，舞蹈起源于人类的生产劳动。在劳动过程中，人的手脚需要不断活动，如采摘果实、挖掘土地、搬运重物等动作，在反复进行中逐渐形成有规律的节奏。为了配合劳动节奏，提高劳动效率，人们会发出呼喊声，或者打击石块、木棍等物品，原始舞蹈便在这样的情境中诞生了。此外，中国当代美学家鲍昌为劳动说提供了有力论据：“一方面，劳动动作本身标准化、定性化的趋势，催生了劳动舞创作的需求，人们通过舞蹈来规范和传承劳动技能；另一方面，原始人为了传播劳动技能和生产知识，创作了许多具有教育和训练意义的劳动舞，这些舞蹈在部落中代代相传，成为劳动文化的重要载体。”

（四）图腾说：信仰驱动的生命礼赞

20世纪初，美籍德国艺术史学家C.萨克斯（Curt Sachs）提出了图腾说。图腾崇拜是原始人类早期重要的信仰仪式之一，“图腾”一词源于印第安语言中“TOTEM”的音译，其意为“亲属”和“标记”。当时的人们深信，不同的氏族起源于不同的动物、植物或其他物种。为了实现与这些图腾的沟通与合一，祈求它们保佑氏族兴旺发达、风调雨顺、五谷丰登、人畜两旺，人们选择用舞蹈这种最基本、最直接的生命形式顶礼膜拜。例如：北美洲印第安部落跳野牛舞，当地印第安人相信野牛与自己部族存在血缘关系，认为跳这种舞能够吸引野牛出现，从而有利于狩猎；澳大利亚土著跳图腾蛇舞时，舞者会纹脸纹身，以此表达对部落祖先的纪念。随着各个部族相互归并，单一的图腾无法再代表整个部落联盟的共同祖先，于是人们将多种图腾的特征融合在一起，创造出如龙、凤等具有象征意义的形象，这些形象逐渐成为民族发祥和文化肇始的标志，而围绕图腾的舞蹈也在不断演变和发展，承载着更为深厚的文化内涵。

（五）巫术说：神秘仪式中的艺术初绽

英国人类学家E.泰勒（Edward Burnett Tylor）、美国人类学家L.H.摩尔根（Lewis Henry Morgan）等提出了巫术说。在原始社会，巫术在人们的日常生活中占据着重要地位，专业巫师的巫术活动涵盖驱邪、治病、消灾、祈福、占卜等诸多方面，而这些活动几乎都离不开舞蹈。在原始社会早期，巫术舞蹈通常由全体氏族成员共同参与，后来才逐渐演变为由技巧娴熟的巫师独自表演。在通行原始萨满教的民族中，巫舞现象普遍存在。例如，当人们遭遇疾病、自然灾害等困境时，巫师会通过舞蹈与神灵沟通，祈求神灵的庇佑和帮助。这些舞蹈往往具有特定的动作、节奏和仪式，充满了神秘色彩，是原始人类对超自然力量的敬畏与信仰的表现，也为舞蹈的起源和发展注入了神秘而独特的元素。

（六）表情说：情感交流的艺术表达

俄国伟大的文学家列夫·托尔斯泰提出了表情说，认为艺术起源于表现人的情感以及人与人之间的情感交流。在远古时期，人类尚未拥有完善的语言系统，为了传达各种信息、交流情感与思想，人们更多地借助动作、姿态和表情。舞蹈作为一种综合性的身体语言，能够生动、直观地表达人们内心丰富的情感，如喜悦、悲伤、恐惧、愤怒等。例如：在庆祝丰收、战胜敌人等欢乐时刻，人们会通过欢快的舞蹈来表达喜悦之情；在遭遇亲人离世等悲痛事件时，也会用特定的舞蹈动作来抒发哀伤。舞蹈成为人类情感交流的重要桥梁，情感表达的需求不断推动着舞蹈艺术的发展与演变。

舞蹈并非源于单一因素，而是多种因素相互交织、共同作用的结果。模仿、游戏、劳动、图腾、巫术、情感表达等因素在舞蹈起源、发展的过程中都发挥了重要作用，它们如同丝线一般，串联起舞蹈这一绚丽多彩的艺术画卷。从远古时期人类最初的身体律动，到如今丰富多彩、形式多样的舞蹈艺术，舞蹈始终伴随着人类社会的发展，见证着人类文明的进步，是人类文化宝库中一颗璀璨夺目的明珠，持续散发着独特的魅力，为人类的精神世界带来无尽的滋养与享受。

要点回顾

- 舞蹈概述
  - 舞蹈的定义
    - 动作和姿势 —— 步伐、跳跃、旋转、定格姿势
    - 节奏和音乐 —— 节拍、节奏、旋律
    - 情感和表达 —— 喜怒哀乐
    - 创造性表演 —— 动作编排、技巧与个性
    - 文化和社会背景 —— 特定的价值观、信仰和习俗，社会身份和身份认同
  - 舞蹈的起源
    - 模仿说 —— 天性驱动的艺术萌芽
    - 游戏说 —— 过剩精力的释放与愉悦体验
    - 劳动说 —— 生产实践孕育的艺术之花
    - 图腾说 —— 信仰驱动的生命礼赞
    - 巫术说 —— 神秘仪式中的艺术初绽
    - 表情说 —— 情感交流的艺术表达

思考练习

1. 舞蹈具有哪些要素？这些要素如何体现舞蹈的特性？

2. 舞蹈的发展与人类社会的发展和演化有何关联？舞蹈在早期人类社会中扮演了什么角色？

第二节　舞蹈的种类

一、芭蕾舞（ballet）

芭蕾舞是源自欧洲的古典舞蹈艺术形式，以其优雅的姿态、精湛的技巧和严格规范的动作而闻名于世。芭蕾舞的一个重要表演技术特征是女演员穿特制的足尖鞋，用脚尖立地跳舞，故又称“足尖舞”（图1-2-1）。

图1-2-1　芭蕾舞

（一）起源与发展

芭蕾舞起源于15世纪的意大利文艺复兴时期的宫廷。彼时，贵族们热衷于在婚礼庆典等奢华活动中以舞蹈展示优雅，意大利宫廷舞蹈老师多梅尼科·达·皮亚琴察（Domenico da Piacenza）首次提出“芭蕾舞”一词，并将几支宫廷舞蹈整合，以庄严表演结尾，“席间芭蕾”由此诞生。这种早期芭蕾形式常将舞蹈动作与宴会菜肴内容相关联，如端猪肉上桌时跳狩猎舞，端鱼肉上桌时跳捕鱼舞；之后逐渐拓展表演内容与形式，融入朗诵、歌唱、乐器演奏等元素，演变为综合性的舞蹈艺术。

15世纪末，“席间芭蕾”随意大利艺术家一同被引入法国。1581年，《皇后喜剧芭蕾》在法国国王亨利三世的王后的妹妹玛格丽特的婚礼上惊艳亮相，这是历史上第一部大型芭蕾舞剧。法国国王路易十四对芭蕾舞的发展起到了重要的推动作用，他不仅亲自在多部大型芭蕾中担任主角，还组织艺术大师负责创作和演出，形成新的“幕间芭蕾”形式。1661年，路易十四与首席舞蹈大师皮埃尔·博尚（Pierre Beauchamp）共同创立了世界上第一所芭蕾舞学校——皇家舞蹈学院（L'Académie Royale de Danse），并制定了一套严格的舞蹈规则和技巧，确立了芭蕾的五个基本脚位和十二个手位，为芭蕾构建起完整的动作体系，芭蕾也自此从自娱艺术迈向专业发展之路。

18世纪，受到启蒙主义思潮的影响，芭蕾舞成为广大民众的艺术形式。18世纪末期至19世纪初期，芭蕾舞直接受到浪漫主义思潮的影响，这一时期的芭蕾舞作品以情感表达、超自然主题和优雅的表演为特点，代表作品有《仙女》《吉赛尔》等。20世纪初，现代芭蕾舞运动兴起，一些舞蹈者开始探索新的舞蹈语言和技巧，推动了芭蕾舞的创新和发展。

20世纪20年代，芭蕾艺术传入我国。1958年，我国的舞蹈家成功演出了世界著名经典芭蕾舞剧《天鹅湖》全剧。此后，更多的世界优秀芭蕾舞剧目为国内观众所熟知。1964年起，我国开始了具有民族特色的芭蕾舞剧创作实践。中国芭蕾舞剧的创作受到中华优秀传统文化的影响，充分体现了民族风格，题材广泛，形式多样，代表作有《红色娘子军》《白毛女》《祝福》《雷雨》等。

（二）风格特征

1. 古典芭蕾（classical ballet）

古典芭蕾是最传统和经典的芭蕾舞风格，以其优雅的姿势、精湛的技巧和严密的编排而闻名。它注重对称性、协调性和优美的线条，舞蹈者通常穿着芭蕾舞剧传统的伞状短裙（TuTu）。

2. 俄罗斯芭蕾（Russian ballet）

俄罗斯芭蕾以其技术上的精湛和情感上的表达而闻名。它强调舞蹈者的柔韧性、高跳和旋转的技巧，以及舞蹈者对角色和情节的深刻诠释。著名的俄罗斯芭蕾舞团有马林斯基剧院芭蕾舞团和莫斯科大剧院芭蕾舞团。

3. 新古典芭蕾（neoclassical ballet）

新古典芭蕾是20世纪中期以后出现的一种芭蕾舞风格，它在保留古典芭蕾的技巧和形式的基础上，加入了现代舞的元素和更加自由流畅的动作。新古典芭蕾注重舞蹈者的个性表达和独立创作，以及对音乐和舞蹈关系的重新探索。

4. 现代芭蕾（modern ballet）

现代芭蕾是对传统芭蕾舞的现代化演绎，它融合了现代舞的技巧和表现方式。现代芭蕾强调情感表达和身体的自由流动感，注重个性化的舞蹈语言和创新的舞蹈形式，舞蹈者可以自由地探索自己的身体极限，表达内心的情感。

5. 当代芭蕾（contemporary ballet）

当代芭蕾是现代芭蕾进一步发展的产物，它在继承现代芭蕾特点的同时，又吸收了其他舞蹈风格的元素。当代芭蕾更加强调舞蹈与当下生活的紧密联系，关注社会现象和个人情感，探索更多元化的艺术表达方式。当代芭蕾的编舞更加灵活多变，舞蹈者在表演中可以展现更多的个人风格和创新精神。

二、现代舞（modern dance）

现代舞是20世纪以来在欧美兴起的舞蹈艺术形式。它反对古典芭蕾舞因循守旧、脱离现实生活、单纯追求技术的形式主义倾向，主张摆脱古典芭蕾舞过于僵化的动作程式的束缚，以合乎自然运动法则的舞蹈动作，自由抒发人的真情实感。

（一）起源与发展

现代舞是对古典舞的反叛和创新，它的起源可以追溯到20世纪初的欧美。在那个时期，一些学生和艺术家开始质疑古典芭蕾舞的限制和刻板形式，转而追求更自由、个性化和更能表达情感的舞蹈语言。

美国舞蹈家伊莎多拉·邓肯（Isadora Duncan）被认为是现代舞的奠基人之一（图1–2–2），她强调自然流动的动作、个人表达和对音乐的情感回应，奠定了现代舞艺术的审美范式。此后，一系列的现代舞先驱者，如玛莎·格雷厄姆（Martha Graham）（图1–2–3）、多丽丝·韩芙莉（Doris Humphrey）和查尔斯·韦德曼（Charles Weidman），以各自独特的风格和创作推动了现代舞的发展。匈牙利现代舞理论家鲁道夫·冯·拉班（Rudolf von Laban）进一步细化并发展了现代舞，其发表的众多著作为现代舞艺术的发

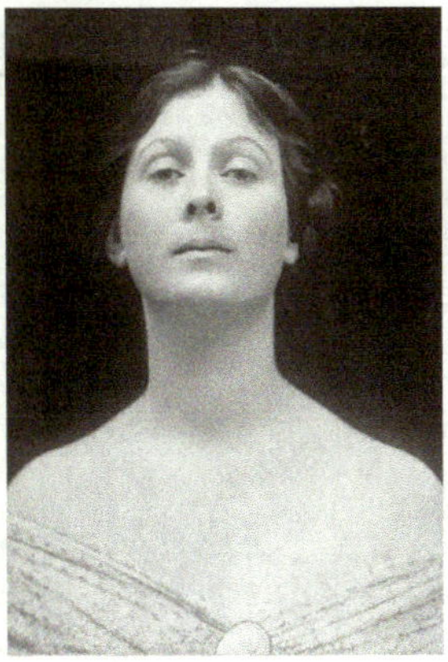

图 1-2-2　伊莎多拉·邓肯

图 1-2-3　玛莎·格雷厄姆

展提供了扎实的理论基础，突出了主体意识的核心地位。他还归纳出八种人体动作（元素），即砍、压、冲、扭、滑动、闪烁、点打、飘浮，形成了德国现代舞的先行理论。

随着历史的发展，现代舞形成了各种风格的动作规范，并发展出多种流派，如以玛莎·格雷厄姆为代表的心理表现派、以多丽丝·韩芙莉为代表的象征派和以霍塞·林蒙（José Limón）为代表的人本主义舞蹈。

（二）风格特征

1. 自由流动的动作

现代舞注重身体的自由流动感和自然状态的呈现。舞蹈者通过柔软、流畅、流动的动作表达内心情感。

2. 身体表达和情感传达

现代舞强调舞蹈者通过身体表达情感、思想和个人经历。舞蹈者的身体语言和表情在舞蹈中扮演着重要的角色。

3. 技巧和肌肉控制

现代舞尽管强调自由流动，但也需要舞蹈者具备良好的肌肉控制能力和技巧。舞蹈者需经常进行肌肉训练和发展身体技巧，以支持他们在表演中的动作要求。

4. 创新和实验性

现代舞鼓励舞蹈者在动作呈现和编舞方面进行创新和实验，探索新的舞蹈语言和形式，因而常常具有独特的视觉效果和较高的艺术性。

5. 多样性和融合性

现代舞吸收了不同文化和舞蹈形式的元素，融合了多种艺术形式（如音乐、戏剧和视觉艺术），这种多样性使得现代舞的风格和形式更加丰富和多元化。现代舞作为一种自由和创新的艺术表达形式，为舞蹈者提供了更大的表达自我、与观众分享独特的舞蹈体验的空间。

三、民间舞（folk dance）

民间舞是源自特定地区或民族文化的舞蹈艺术形式，它由人民群众自创自演，表

图 1-2-4　俄罗斯民间舞

图 1-2-5　中国藏族热巴鼓舞

现一个地区或民族的文化传统、生活习俗和人们的精神风貌（图 1-2-4、图 1-2-5）。民间舞多为载歌载舞的集体舞，舞蹈动作千姿百态，具有鲜明的民族风格、浓郁的地方特色，它没有国家和地区的界限，能够沟通世界各国。

中国民间舞是中华民族艺术宝库中的璀璨明珠，它不仅历史悠久、题材广泛、内容丰富、形式多样，而且数量之多也是世界上所罕见的。中国民间舞可分为传统民间舞蹈和现代民间舞蹈。

（一）起源与发展

民间舞蹈的起源可以追溯到史前时期，舞蹈活动几乎渗透到劳动、狩猎、战争、祭祀等一切领域。在奴隶社会，舞蹈从全民性的活动逐渐演变为一部分人的艺术活动和宗教政治活动，中国舞蹈在“娱神”与“娱人”两个方面纵深发展。到了秦汉时期，民间俗舞有显著的发展。秦代已有了乐府。汉代初年，汉高祖刘邦喜好民间的楚声楚舞，并把俗乐舞用于宫廷祭祀。汉武帝时期，乐府机构扩大，大力采集民间乐舞，记录各地歌诗，乐府中的乐工舞人有八百余名。为了政治上的需要，还有角抵演出（类似摔跤、相扑的技艺表演）招待外国宾客。角抵内容日趋丰富，因而又发展为“百戏”。

（二）风格特征

1. 反映社会生活

民间舞蹈的主题通常与人们的日常生活、社会活动和文化传统密切相关，反映了当地的风土人情、传统习俗、庆祝活动等。

2. 地方性和文化多样性

民间舞蹈在不同的地区和文化中呈现出多样性，每个地方都可能有独特的舞蹈风格、舞蹈动作和舞蹈形式，以反映当地的文化传统和特色。

3. 群体性和社交性

民间舞蹈通常是一种群体性活动，常常在社交场合中进行，如庆典、婚礼、节日等，强调群体的凝聚力和人际交往。

4. 使用传统乐器和音乐

民间舞蹈通常使用传统的乐器和音乐进行伴奏，这些音乐往往是当地特有的，与舞蹈的风格和氛围相协调。

5. 自由创作和口传心授

民间舞蹈通常通过口头传授和亲身示范进行传承，而非书面记载。传承者常常有较大的自由度，可以根据特定场合和个人创作习惯进行变化和创新。

6. 传统服饰和道具

民间舞蹈的服饰和道具常常反映了当地的文化特色，如使用传统的服装、头饰、面具或其他装饰品，以增添舞蹈的戏剧性和表现力。

民间舞蹈是一种富有生命力和文化独特性的舞蹈形式，是人们在特定群体和文化环境中表达自己的生活和情感的重要方式。

四、爵士舞（jazz dance）

爵士舞是一种源于美国的流行舞蹈形式，起源于20世纪初的爵士音乐和社交舞厅文化。

（一）起源与发展

爵士舞起源于美国，融合了非洲、拉丁美洲和欧洲的舞蹈元素。在20世纪初，爵士舞与踢踏舞的联系非常紧密，而这种舞蹈的流行趋势很快蔓延到了人们的生活当中，产生了查尔斯顿舞、吉特巴、布吉伍吉舞和摇摆舞。20世纪30年代，爵士音乐在舞厅中流行。20世纪40年代，爵士舞的元素已经出现在现代舞和电影编舞当中了。20世纪50年代，音乐电台开始播放流行的社交舞音乐，弗雷德·阿斯泰尔（Fred Astaire）、金杰·罗杰斯（Ginger Rogers）等舞者通过音乐剧宣传普及爵士舞。而在过去几十年中，嘻哈元素也被融合到爵士舞中。爵士舞通常具有富于动感、节奏感和自由的表演风格，在音乐、舞蹈技巧和表现形式上都表现出多样性。

（二）特征

1. 动感和节奏感

爵士舞强调动感和节奏感，舞蹈者根据明快的音乐表达出活力和情感。舞步与音乐的强拍和节奏相协调，给人以轻快感。

2. 即兴创作和编排

爵士舞注重即兴创作和编排，舞蹈者可以根据音乐的变化、舞台的需要即兴发挥，也可以在固定编排的基础上展示个人的创意。

3. 技巧和灵活性

爵士舞要求舞蹈者具备较高的技巧和灵活性，舞步方面包括高难度的转身、跳跃、扭动等，强调身体的柔韧性和舞蹈者对肢体的掌控力。

4. 风格多样

爵士舞有许多不同的风格和分支，包括拉丁爵士、街舞爵士、现代爵士等。每种风格都有独特的舞步和表达方式。

5. 伴随爵士音乐

爵士舞通常伴随爵士音乐的演奏，舞蹈者与音乐的互动是爵士舞的重要元素。舞蹈者的表演通常充满戏剧性，注重舞台上的表现力。

爵士舞是一种富有活力、多样性和创意的舞蹈形式，广泛受到人们的喜爱，并在电视、舞台和社交场合中得到展示。

五、中国古典舞（Chinese classical dance）

中国古典舞是中国传统的舞蹈形式，这一舞种的定名是欧阳予倩先生在1950年首次提出的，后得到舞蹈界人士的认同并广为流传，最后被确定。它在中华优秀传统文化中占有重要地位，是中国古典舞蹈艺术的代表之一（图1-2-6）。

图1-2-6　中国古典舞《飞天》

（一）起源与发展

中国古典舞的渊源可以追溯到中国古代宫廷舞蹈或更为遥远的时代的民间舞蹈。周代开始，宫廷设立专门的乐舞机构，集中培养专业乐舞人员，并对流行于民间的自娱性舞蹈和宗教舞蹈乃至外邦舞蹈进行整理、研究、加工和发展，形成了宫廷舞蹈。其中如周代的《六代舞》、唐代的《九部乐》《十部乐》《坐部伎》《立部伎》等，异彩纷呈，各领风骚。

宋元之后，由于战乱频繁，文化受到破坏，舞蹈的发展也受到影响，汉唐时代的许多著名舞蹈已经失传。在传统舞蹈基础上形成的宋代戏曲逐步代替了传统歌舞艺术。元代，宫廷乐舞与民间歌舞乃至“白戏”“滑稽戏”“角抵戏”等相结合，逐渐形成了戏曲艺术形式。戏曲中的舞蹈，含有中国传统舞蹈的精华，它根据人物情节需要，吸收了某些生活动作，并加以改造，加强和丰富了舞蹈的表现力。

中华人民共和国成立以后，20世纪50年代初期，舞蹈工作者为发展、创新民族舞蹈艺术，从中国戏曲表演中提取舞蹈素材，借鉴中华武术，并参考芭蕾舞的训练方法等，建立起一套中国古典舞教材。同时，舞蹈工作者编排演出了《宝莲灯》《小刀会》《春江花月夜》等一系列具有中国古典舞风格的舞剧和舞蹈作品。改革开放以后，中国古典舞从外形到内蕴进一步发展。一方面，舞蹈家们突破了戏曲舞蹈的范畴，涉足石窟壁画以及各种出土文物中的舞蹈形象，从而整理和创作出许多别具一格的古典舞和古典舞剧作品，如《丝路花雨》《编钟乐舞》《仿唐乐舞》《铜雀伎》等，这些复古乐舞突出了雍容大度、精确严谨、清晰明丽的风格特点；另一方面，舞蹈教育家唐满城、李正一对中国古典舞身韵理论进行了革新、创造和实践，产生了以《黄河》《江河水》《木兰归》《梁祝》等为代表的一大批优秀舞蹈作品。其中，《黄河》的成功标志着中国古典舞的发展到了一个崭新的阶段。

（二）风格特征

1. 优雅和婉约

中国古典舞注重舞姿的优雅和动作的婉约。舞蹈者通过柔美的身体线条和流畅的舞蹈动作展现出独特的美感，追求舞蹈的柔美和精致。

2. 手势和眼神表达

中国古典舞强调手势和眼神的表达。舞蹈者通过手部的变化和眼神的流转来传递情感、叙述故事和表达内心的思想，使观众能够深入理解舞蹈的主题和情感。

3. 身体的控制能力和柔韧性

中国古典舞要求舞蹈者具备良好的身体控制能力和柔韧性，舞蹈者以此来展现舞蹈的美感和技巧。

4. 气质和内涵的表达

中国古典舞注重气质和内涵的表达。舞蹈者通过舞蹈动作、表情和姿态来展现舞蹈作品的深度和内涵，使观众在欣赏舞蹈的同时感受到舞蹈作品的情感和思想。

5. 韵律和节奏的变化

中国古典舞蹈通常与特定的音乐和节奏相结合。舞蹈者让舞蹈动作与音乐的韵律和节奏相呼应，创造出动感，使舞蹈更具生命力和魅力。

6. 中华优秀传统文化元素的融入

中国古典舞蹈常常融入中华优秀传统文化元素，舞蹈者的舞蹈动作、服装、道具等方面参考借鉴中国古代文化、历史故事和传统价值观，使舞蹈作品具有浓郁的中国风格和独特的文化韵味。

要点回顾

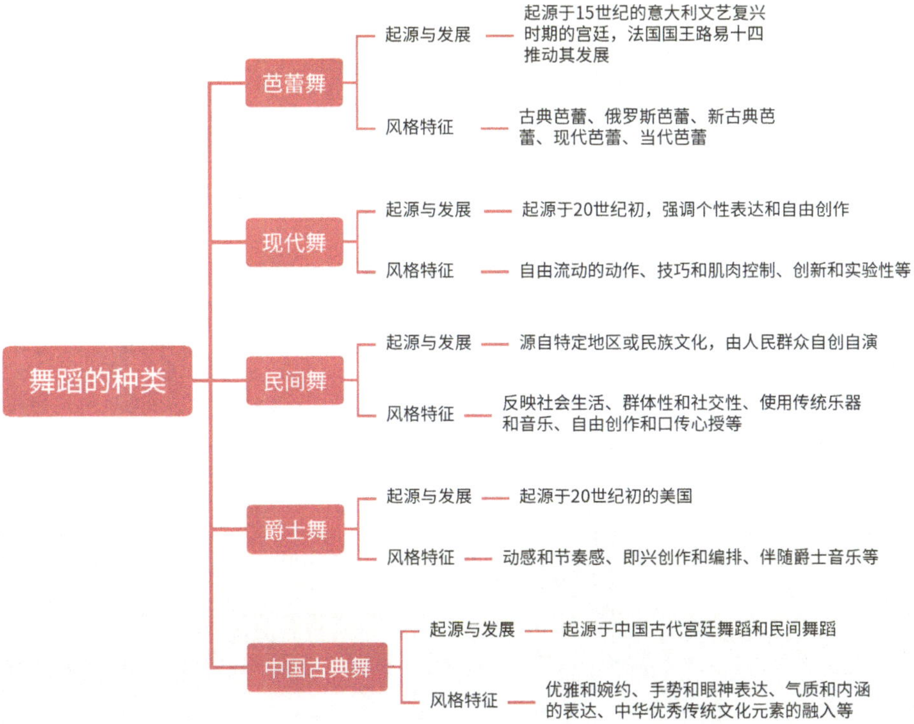

思考练习

1. 世界上有哪些主要的舞蹈种类？请列举不同类型的舞蹈，并描述它们的特点和风格。

2. 舞蹈的分类依据是什么？

3. 不同文化中的舞蹈种类有何异同之处？

4. 不同舞蹈种类是否有特定的音乐和服装要求？

第三节　舞蹈的功能

舞蹈不仅是一种表演艺术，还涉及社交、宗教、情感表达等方面。舞蹈具有以下常见功能及作用。

一、情感表达

舞蹈是一种表达情感和内心感受的强大工具。舞蹈为舞蹈者提供了一个独特的出口，舞蹈者通过身体的动作、姿势和面部表情表达喜怒哀乐，传递愉悦、悲伤、恐惧等情感，从而释放压力，促进情感的宣泄和共鸣。

二、故事叙述

舞蹈可以通过编排的动作和表演来讲述故事，有时甚至可以在没有言语的情况下传递丰富的情节和主题。

三、社交互动

舞蹈常作为社交活动的一部分存在。通过舞蹈，人们能够分享彼此的文化、观点和艺术理念，促进不同社群之间的理解与尊重。社交舞蹈，如华尔兹、探戈等，强调舞伴之间的默契和合作，以促进社会互动。此外，参与集体舞蹈活动可以促进人们的社交互动，建立友谊；舞蹈团体和舞蹈班是人们共同分享乐趣、互相支持和交流的社交平台。

四、宗教仪式

在很多文化中，舞蹈被用于宗教仪式，舞蹈动作被视为一种与神灵沟通的方式，用于表达对神圣力量的敬畏和崇敬。

五、庆祝活动

舞蹈常常作为特殊场合或节日庆祝活动的一部分，它可以是对丰收的庆祝、对团体成就的庆贺，也可以是对生命中特殊时刻的纪念。

六、身体运动

舞蹈是一种身体运动，舞蹈者通过艺术化的运动，增强身体的柔韧性、协调性和耐力，在舞蹈训练中进一步增强对身体的掌控能力，这有助于培养身体和心理之间的平衡感。因此，它常被用于运动锻炼，促进身体健康。

七、文化传承

民族舞蹈和传统舞蹈扮演着传承文化的重要角色。舞蹈是文化的一部分，通过舞蹈，文化得以传承、弘扬。不同的舞蹈形式代代相传，保存和传递着一个社群或文化的价值观、历史和传统，保留下来的舞蹈作品则成为一个文化的标志。

八、娱乐和表演艺术

舞蹈作为一种娱乐形式，丰富了人们的社会文化生活，能够为观众提供视觉和情感上的享受。舞蹈者在舞台上展示出色的技艺，为观众带来美学上的愉悦。比赛、节庆中的舞蹈表演成为社会中的重要文娱项目，为人们提供了艺术欣赏和娱乐的机会。

要点回顾

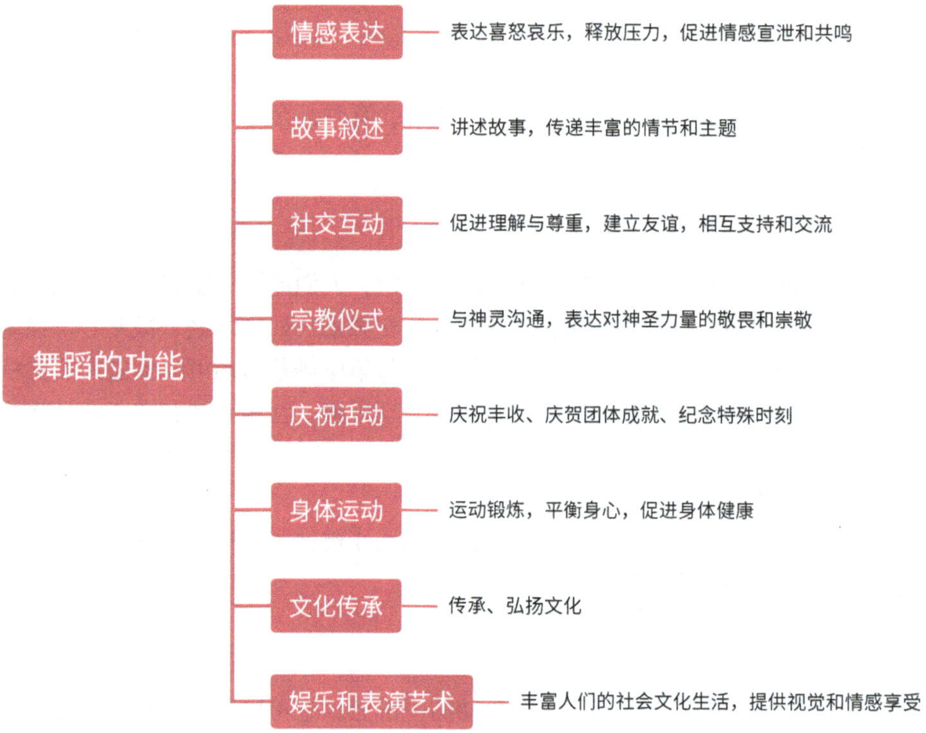

思考练习

1. 舞蹈的功能有哪些？舞蹈如何传递和表达文化价值观、身份认同？
2. 舞蹈对个人的身体和心理健康有什么影响？
3. 舞蹈在宗教仪式和庆祝活动中的作用是什么？
4. 舞蹈在教育领域有何作用？它如何帮助提升儿童和青少年的创造力、协调性和团队合作能力？

第四节　幼儿舞蹈概述

一、幼儿舞蹈的定义

幼儿舞蹈是专为幼儿设计的舞蹈教育形式，旨在通过有趣的音乐和简单的舞蹈动作，促进幼儿身体的发育、感知能力的提高，培养他们的音乐感、艺术感和团队协作精神，是一种融合了音乐、舞蹈和社交元素的综合性活动。幼儿舞蹈特别注重适应幼儿的生理和心理特点，以轻松愉悦的方式引导他们感受音乐和运动，促进幼儿早期的全面发展（图1-4-1）。

图1-4-1　幼儿集体舞蹈

二、幼儿舞蹈的特征

（一）游戏性和趣味性

幼儿舞蹈通常以游戏的形式来吸引幼儿的兴趣，注重趣味性。舞蹈动作和音乐的选择会考虑到幼儿的喜好和认知特点，使舞蹈活动更具亲和力和吸引力。

（二）简单的动作

幼儿舞蹈的动作和舞蹈技巧相对简单，符合幼儿的认知水平和动作能力水平。动作表达通常采用直观、生动和可理解的方式，使幼儿能够轻松理解和模仿。

（三）情感表达和情绪调节

幼儿舞蹈注重培养幼儿的情感表达能力和情绪调节能力。幼儿舞蹈将舞蹈动作和音乐融合，引导幼儿表达不同的情感，如喜悦、悲伤、愤怒等，帮助幼儿认识和理解自己的情绪。

（四）身体感知和身体认知

幼儿舞蹈强调培养幼儿的身体感知和身体认知能力。通过舞蹈活动，幼儿可以感受自己的身体，了解身体的各个部位和动作能力，并逐渐培养对身体的控制和协调能力。

（五）合作与社交

幼儿舞蹈鼓励幼儿之间的合作和社交互动。在舞蹈活动中，幼儿可以与他人一起参与，共同完成舞蹈动作和表演，从而培养团队合作意识和社交技能。

（六）创造力和想象力的培养

幼儿舞蹈鼓励幼儿发挥创造力和想象力。幼儿可以创造独特的舞蹈形式和动作，并通过舞蹈自由地表达自己的想法和感受。

三、幼儿舞蹈的种类

（一）创意舞蹈

创意舞蹈注重幼儿的个人表达和独特性，鼓励幼儿发挥想象力和创造力，通过自由的舞蹈来展示他们的想法和情感。

（二）儿童芭蕾舞

儿童芭蕾舞是一种受欢迎的幼儿舞蹈形式，它以经典芭蕾舞为基础，但根据幼儿的年龄和能力进行了适当的调整。儿童芭蕾舞注重优雅姿势和舞蹈技巧的训练。

（三）现代舞蹈

现代舞蹈强调富有自由流动感的动作、创意和个人表达，鼓励幼儿在舞蹈中展示自己的独特风格和情感，因而在幼儿舞蹈中也有一定的应用。

（四）民族舞蹈

民族舞蹈是指来自不同民族和文化背景的舞蹈形式。在幼儿舞蹈中，可以引入一些简化的民族舞蹈元素，帮助幼儿了解和体验不同民族的舞蹈艺术。

（五）爵士舞

爵士舞是一种充满活力和节奏感的舞蹈形式，常常在幼儿舞蹈课程中出现。它结合了爵士音乐和流行音乐的元素，注重身体的灵活性、动感和表现力。

（六）音乐剧舞蹈

音乐剧舞蹈是结合音乐、舞蹈和戏剧元素的一种表演形式。在幼儿舞蹈中，可以引入简化的音乐剧舞蹈元素，让幼儿参与小型舞台表演，培养他们的表演技巧和表演意识。

四、幼儿舞蹈的作用

（一）全面促进身体发展

幼儿舞蹈在促进幼儿身体发展方面发挥着关键作用。它有助于培养幼儿的协调性、柔韧性和平衡感，还能通过多样化的动作和节奏训练，强化幼儿的基本运动技能。在舞蹈活动中，幼儿的肌肉得到锻炼，身体感知能力得到显著提升，这为他们日后的体育活动和健康成长奠定坚实基础。

（二）提高音乐感知能力和节奏感

幼儿舞蹈与音乐紧密相连，这种结合为幼儿提供了感知音乐魅力的独特窗口。通过跟随音乐的节奏舞动，幼儿逐渐学会辨识不同的音乐元素，如旋律、节奏和节拍，进而提升对音乐的理解和欣赏能力。这一过程可以提升幼儿的音乐素养，促进幼儿听觉与动作的协调统一。

（三）培养社交技能和团队协作精神

舞蹈作为一种社交活动，为幼儿提供了与他人互动和合作的机会。在舞蹈排练和表演中，幼儿能学会如何在有限的空间内与他人共享舞台，如何与他人协调动作，以及如何为团队的整体表现作出贡献。这些经历可以增强他们的团队合作意识，培养他们的集体凝聚力和社交技能。

（四）提升情感表达能力和情感智力

幼儿舞蹈鼓励幼儿通过身体语言来表达内心的情感，无论是喜悦、兴奋还是悲伤，幼儿都能在舞蹈中找到合适的动作和节奏来传达。这种表达方式的练习有助于他们更好地理解和管理自己的情绪，从而培养情感智力，为未来的社交和情感发展奠定基础。

（五）促进认知能力和记忆力发展

学习舞蹈动作和记住舞蹈步骤的过程对幼儿来说是一种认知挑战，他们需要集中注意力，理解并记住复杂的动作序列。这不仅能锻炼他们的记忆力，还能提升他们的注意力。同时，舞蹈中的空间感知和时间管理也会对幼儿的认知能力产生积极影响。

（六）创造性表达

幼儿舞蹈鼓励幼儿发挥创造力，尝试新的动作组合和表达方式。这种自由的创作空间能够激发他们的想象力，培养他们的创造性思维。在舞蹈的世界里，幼儿可以尽情想象，将内心的奇思妙想转化为生动的舞蹈动作，从而丰富他们的精神世界。

（七）增强身体意识和自我控制能力

通过舞蹈练习，幼儿能够学会关注自己的身体，了解身体各部位的功能和运动方式，从而增强身体意识，这有助于他们更好地控制自己的身体，提高自我管理能力。同时，舞蹈中的自律性和节奏感训练也有助于幼儿培养自律和自制的品质。

（八）塑造乐观态度和积极心态

幼儿舞蹈能够以其积极愉悦的氛围激发幼儿对舞蹈活动的热情，提升幼儿的参与度。在舞蹈的熏陶下，幼儿会逐渐形成积极向上的态度，学会面对困难时保持乐观和坚韧。积极的学习心态不仅有助于幼儿在舞蹈领域取得进步，还将对他们的全面发展产生深远的影响。

要点回顾

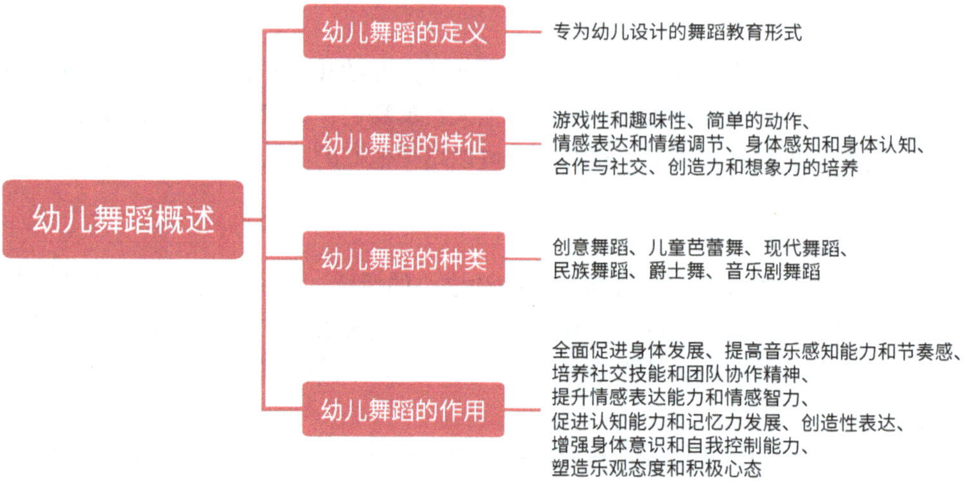

思考练习

1. 幼儿舞蹈对幼儿的身体发展有什么作用？它如何促进幼儿的协调性、灵活性和运动技能的发展？

2. 幼儿舞蹈对幼儿的认知和情感发展有什么影响？它如何增强幼儿的空间意识、节奏感，以及表达情感的能力和创造力？

3. 幼儿舞蹈对幼儿的社交和情感发展有什么作用？

第五节　幼儿舞蹈的创编

一、幼儿舞蹈创编准备

（一）了解幼儿的发展情况

1. 身体发展

了解幼儿身体发展的重要阶段及其特点，如幼儿运动技能的发展阶段、基本的协调能力和平衡能力水平，以及柔韧度和力量水平。这些因素将影响幼儿在舞蹈活动中的动作选择和表现能力。

2. 认知发展

了解幼儿认知发展的基本原理和当前所处的认知水平，如幼儿观察、记忆、模仿和创造的能力水平，能否理解和遵循简单的指令，以及理解符号及其象征意义。认知水平将影响幼儿在舞蹈活动中的理解力和学习能力。

3. 情感发展

了解幼儿情感发展的特点，如幼儿的情感表达方式和情感认知水平。通过舞蹈创编，帮助幼儿学会表达情感、建立情感连接，培养幼儿情感表达的技巧，提高幼儿对情绪和情感的感知与表达能力。

（二）幼儿舞蹈的创编目的

1. 培养幼儿的创造力

激发和培养幼儿的创造力，鼓励他们提出自己的舞蹈创意和独特的表达方式。强调幼儿的自主性和想象力，通过提供自由和有启发性的环境来支持幼儿的创造性表达。

2. 发展幼儿的表达能力

舞蹈通过身体的姿势、动作和面部表情表达情感和思想。幼儿舞蹈帮助幼儿发展舞蹈表达能力，注重培养幼儿的表达技巧和舞蹈语言的运用能力，使他们能够通过舞蹈向他人传达情感和意义。

3. 培养幼儿的审美意识

培养幼儿的审美意识，使他们能够欣赏和理解舞蹈艺术。引导幼儿观察、分析和欣赏不同风格和形式的舞蹈作品，培养他们对美的感知和欣赏能力。

（三）幼儿舞蹈的动作设计

1. 动作选择

根据幼儿的年龄、身体发展和能力水平，选择适合他们的舞蹈动作。动作应该简单易学，符合幼儿的身体特点，优先选择柔和、流畅和有趣的动作。

2. 动作组合

将单个动作组合成简单的舞蹈片段或整个舞蹈。考虑动作之间的过渡和连贯性，以及节奏感和形式结构的呈现，确保动作组合能够表达主题或情感。

3. 动作拓展

根据幼儿的能力和创造力，鼓励他们在基本动作的基础上进行拓展和变化。可以通过改变速度、力度、方向或节奏来提升动作的表现力。

（四）幼儿舞蹈音乐的选择

1. 旋律

应优先考虑旋律的优美性、易记性和情感表现力。优美的旋律能够让幼儿在舞蹈中感受到音乐的魅力，产生愉悦的情感体验；易记的旋律则有助于幼儿在多次聆听后形成深刻印象，加深对音乐的记忆和理解；富有情感表现力的旋律则能够引导幼儿通过舞蹈动作表达内心的情感，培养幼儿的审美情趣和情感表达能力。如《小兔子乖乖》旋律简洁明快，富有童趣，能够迅速吸引幼儿的注意力，让幼儿在舞动中体验到快乐。

2. 节奏

应注重音乐的节奏是否鲜明、稳定，以及是否与舞蹈动作相匹配。鲜明的节奏有助于幼儿把握音乐的脉搏；稳定的节奏则能让幼儿在舞动中找到身体的平衡点，提升身体的协调性和灵活性。如《小苹果》节奏强烈且稳定，旋律简单易记，非常适合幼儿跟随节奏舞动。

（五）幼儿舞蹈的教学方法

1. 游戏化教学

将舞蹈创编过程融入游戏化的教学活动中，以激发幼儿的兴趣和提升幼儿的参与度。通过游戏的形式，帮助幼儿学习和理解舞蹈动作，提高幼儿对舞蹈的兴趣。

2. 模仿教学

通过示范和模仿的方式教授舞蹈动作。幼儿在观察和模仿他人的同时，逐渐理解和掌握舞蹈动作的技巧和要领。

3. 角色引导

通过引导幼儿扮演角色来学习舞蹈动作。角色引导可以激发幼儿的情感表达欲望，使他们更主动地参与舞蹈创编。

二、幼儿舞蹈的创编过程

（一）幼儿舞蹈创编特点

第一，幼儿舞蹈强调对幼儿身体和心理发展的尊重。幼儿正处于身体发展的关键阶段，舞蹈创编应考虑到他们的生理特点，注重动作的合理性和安全性。

第二，幼儿舞蹈注重情感表达。幼儿表达情感的方式较为直接，舞蹈创编应鼓励幼儿通过肢体语言和面部表情来表达内心情感。

第三，幼儿舞蹈强调亲子互动和社交能力的培养。舞蹈作品可以采用亲子合作或小组合作的形式进行表演，以促进家长和幼儿、幼儿和幼儿之间的互动，以及培养幼儿的合作能力。

（二）幼儿舞蹈创编理念

1. 鼓励幼儿参与

鼓励幼儿参与舞蹈创编过程，尊重他们的意见和创造力，使他们成为舞蹈创编的主体，激发他们的兴趣和积极性。

2. 融入幼儿特点

充分考虑幼儿的身体特点、认知水平和情感需求，设计符合幼儿发展规律和兴趣爱好的舞蹈动作和情节。

3. 融入游戏元素

将游戏元素融入舞蹈创编中，使幼儿在舞蹈活动中享受乐趣，激发幼儿的想象力和创造力。

（三）幼儿舞蹈创编原则

1. 主题明确原则

明确主题或故事情节，提升舞蹈作品的可理解性和吸引力，使幼儿能够理解并参与其中。

2. 动作简单易学原则

根据幼儿的年龄和身体发展状况，选择幼儿易于掌握的简单动作，使他们能够轻松学习和表演。

3. 多样性与个性化原则

在舞蹈创编过程中注重多样性，鼓励幼儿展现个人特色和风格，同时尊重幼儿的不同表达方式，提供多样的选择和广阔的发展空间。

4. 舞蹈与音乐协调原则

舞蹈与音乐是相互呼应的，在舞蹈创编过程中应注重舞蹈动作与音乐节奏、情感氛围相协调，使舞蹈和音乐相得益彰。

5. 舞台形象与布景原则

注重舞台形象的设计和布景，通过色彩、道具、灯光等元素的搭配，提升舞蹈作品的艺术感染力和观赏性。

（四）幼儿舞蹈的创编步骤与方法

1. 舞蹈主题选择

舞蹈主题选择是舞蹈创编的起点。一个明确的主题可以帮助幼儿更好地理解和参与舞蹈创编。在选择舞蹈主题时，需要考虑幼儿的兴趣、年龄特点和教育目标。可以从幼儿的日常生活、自然环境、节日庆典或经典文学故事等方面寻找灵感。

（1）幼儿的兴趣和喜好

了解幼儿对不同主题的兴趣和喜好，可以通过观察他们在游戏、绘画或其他活动中的选择来获取线索。选择符合幼儿喜好的题材，可以提升他们对舞蹈创编的参与度和兴趣。

（2）幼儿的年龄和发展水平

舞蹈题材应该与幼儿的年龄和发展水平相匹配。对于年龄较小的幼儿，可以选择简单和熟悉的主题，如动物、季节或日常生活；对于年龄较大的幼儿，可以考虑更复杂的题材，如童话故事或社区活动。例如，可以选择《白雪公主》《小红帽》《灰姑娘》等经典童话故事作为题材创编舞蹈。

（3）教育目标和课程内容

将创编的舞蹈题材与教育目标和课程内容相结合，可以使舞蹈创编更具教育意义。

例如，幼儿正在学习关于动物的知识，则可以选择以动物为主题，通过模仿不同动物的动作和特征来创编舞蹈（狮子奔跑、蝴蝶翩翩起舞等），来强化他们的学习。

（4）季节和节日

根据当前的季节和即将到来的节日，选择相应的舞蹈题材，可以提升幼儿的参与度，引起他们的情感共鸣。例如：以四季变化为主题，通过舞蹈动作和音乐表达不同季节的特点和氛围，包括春天的花卉、夏天的阳光、秋天的落叶、冬天的雪花等；在中秋节可以选择与“团圆”相关的主题舞蹈。

（5）多样性和包容性

尽量选择多样性和包容性强的题材，以展示不同文化、艺术的魅力。这有助于培养幼儿对多元文化的尊重和理解，并鼓励他们欣赏和接纳不同的艺术表达形式。

2. 舞蹈结构设计

（1）舞蹈的结构

舞蹈的结构是指舞蹈作品的组织和呈现方式，它决定了舞蹈作品的整体形式和表演过程。以下是一些常见的舞蹈结构形式。

① 线性结构

线性结构是最基本和常见的舞蹈结构形式，指舞蹈的起始、发展和结束部分按照时间线性展开。线性结构通常具有明确的起始点、中间段落和最终的高潮或结尾。

② 回环结构

回环结构是一种重复和循环的舞蹈结构形式，指舞蹈的某些部分会在不同的时间点重复出现，形成呼应或回应。回环结构可以加深观众对舞蹈的印象和记忆，并创造出一种循环往复的感觉。

③ 对比结构

对比结构通过在舞蹈中设置对比和反差来增加变化和趣味性，包括对比不同的动作、速度、节奏、情感或舞蹈者之间的关系。对比结构可以使舞蹈更加丰富多样，并引起观众的注意。

④ 叙事结构

叙事结构是一种以故事情节为基础的舞蹈结构形式，指通过舞蹈者的动作、表情和姿态来讲述一个故事，包含起承转合。叙事结构通常用于舞剧和叙事性舞蹈作品编排。

⑤ 自由结构

自由结构是一种没有固定规则或顺序的舞蹈结构形式，强调舞蹈者的自由表达和即兴创作，舞蹈者可以根据自己的感受和创意来展示舞蹈动作和表达情感。

不同的舞蹈结构形式可以单独使用，也可以结合使用，创编者需根据舞蹈作品的目的、风格和主题来选择合适的结构。此外，舞蹈结构的设计应该考虑到观众的体验和情感共鸣，同时也需要符合创编者的创作意图和艺术追求。

（2）舞蹈结构设计的要求

舞蹈结构设计应考虑到多个方面，以确保舞蹈作品具有良好的组织性、流畅性和艺术性。

① 逻辑性和连贯性

舞蹈结构应该有一个清晰的逻辑，使得观众能够理解舞蹈作品的发展和意义。舞蹈作品的各个部分应该有明确的过渡和连接，避免突兀或不连贯的转变。

② 平衡性和对称性

舞蹈结构应该在整体上保持平衡和对称，这可以帮助观众感知舞蹈作品的整体美感与和谐感。在安排舞蹈作品的各个部分时，要考虑到节奏、动作、空间和情感的平衡。

③ 发展性和高潮点

舞蹈结构应该具有发展性，通过情节逐渐发展和增强戏剧效果的方式吸引观众的注意力。舞蹈作品中可以设置高潮点，通过动作的变化、节奏的加快或情绪的高涨来创造高潮部分，使得舞蹈作品更具张力和感染力。

④ 多样性和变化性

舞蹈结构设计要求在舞蹈作品中引入多种元素和多种变化，以避免单调和乏味。可以选择不同的动作、节奏、速度、情感等元素，或者在舞蹈作品中加入对比、变化和重复的手法，增强趣味性和吸引力。

⑤ 整体感和个体特色

舞蹈结构应该展现整体感，使得舞蹈作品具有统一的风格和主题。同时要充分发挥舞蹈者的个体特色和表现力，使得舞蹈结构与舞蹈者之间形成有机的互动和呼应。

⑥ 观众体验和情感共鸣

舞蹈结构设计要能够引起观众的情感共鸣，给观众深刻的观赏体验。创编者需精心安排每一个动作的节奏、力度与表情，确保它们能够精准传达情感的细腻层次，让观众在观赏过程中不仅能够感受到视觉上的美感，更能触及心灵深处，唤起共鸣。

3. 动作设计与编排

动作设计与编排是将舞蹈主题转化为具体动作的过程。在设计动作时，需要考虑幼儿的身体发展水平，选择符合他们认知和动作能力的动作元素。动作可以包括基本的舞蹈步伐、手臂和身体的动作、跳跃、旋转等。要确保动作简单易学，让幼儿能够轻松掌握和表演，同时适当考虑动作的多样性和创造性，以促进幼儿的个性发展。

在编排舞蹈动作时，需要注意动作的流畅性和连贯性。可以根据舞蹈作品的整体构思和情节需要，将动作有机地连接起来，形成一个完整的舞蹈结构。同时，要注重舞蹈的节奏感和表现力，通过动作的速度、力度、停顿等来传达舞蹈作品所要表达的情感和意境。

4. 音乐与舞蹈相结合

音乐与舞蹈相结合是舞蹈创编过程中至关重要的一环。选择适合舞蹈作品主题和情感的音乐，能够增强舞蹈作品的艺术感染力。在选择音乐时，要考虑节奏、节拍、旋律、情感等因素。音乐可以是已有的音乐作品，也可以是专门为舞蹈创编制作的原创音乐。

在将音乐与舞蹈结合时，需要注意舞蹈动作与音乐节奏的协调和呼应。可以根据音乐的节奏和变化，设计舞蹈动作的编排和表现方式。可以利用音乐的强弱、快慢等特点，来塑造舞蹈的节奏感和情感表达。

在音乐的选择方面，首先要考虑幼儿的年龄段和发展水平。确保选择的音乐内容和歌词适合幼儿，没有不适当或不健康的内容，避免使用含有暴力、性别歧视或其他不适合幼儿的歌词的音乐。同时，鼓励幼儿参与音乐选择的过程。可以提供多个备选音乐，让幼儿通过投票或表达意见来参与决策，提升幼儿的参与感和自主性。其次，注意音乐的风格和情感应与舞蹈作品的主题相一致。选择具有明确、稳定的节奏的音乐，以便幼儿能够更好地跟随和理解。音乐的速度应适合幼儿的动作能力和协调性。对于初学者，较慢的节奏可能更容易跟上；而对于更有经验的幼儿，可以尝试更快的节奏。最后，考虑表演环境和资源，选择适合的音乐长度和音频质量。确保音乐的音量适中，不会过于刺耳或吵闹。

5. 舞台美术设计

舞台美术设计包括舞台布景、服装和道具等的选择和设计。舞台布景可以通过背景幕布、道具和光影效果来营造舞蹈作品所需的场景和氛围。在选择舞台布景时，要考虑舞蹈作品主题和情节的需要，以及幼儿的审美需求。

服装设计要考虑舞蹈动作的便利性和美观性。服装的选择可以根据舞蹈作品主题、舞蹈作品风格和幼儿的喜好来确定。服装的颜色、款式和材质应与舞蹈作品主题相协调，能够突出舞蹈动作的美感和舞蹈表达的特点。

道具可以根据舞蹈作品主题和情节的需要选择，为舞蹈作品增添视觉元素和故事情节的支持。道具可以是实物道具或者是象征性符号，以能够帮助幼儿更好地理解舞蹈作品故事和情感表达为宜。

6. 彩排与演出准备

彩排是将创编好的舞蹈作品进行排练和完善的过程。在彩排阶段，教师需要与幼儿一起进行反复排练，帮助幼儿熟悉舞蹈动作、掌握音乐节奏，并逐步提高整体的舞蹈表演水平。在彩排过程中，可以进行分组排练、个别辅导和整体演练，以确保每个幼儿都能够充分参与和发挥自己的潜力。

在演出准备阶段，需要确保舞台布置、音响效果和灯光设计等方面的工作准备就绪。舞台布置要根据舞蹈作品的需要进行调整，包括舞台背景、舞台道具和舞台装饰等；音响效果要调整到适合舞蹈演出的音量和音质，确保音乐和舞蹈之间的协调；灯光设计要根据舞蹈作品的情感表达和节奏变化，进行灯光的调整和切换，以增强舞蹈作品的视觉效果。在演出前，还应进行最后的排练和调整，确保幼儿对整个演出流程和舞蹈动作谙熟于心，且有信心完成演出。同时，教师要与幼儿家长和演出组织方进行沟通，确保演出场地、时间和其他相关事宜安排得当。

三、幼儿舞蹈创编的教育意义

（一）身体发展

幼儿期是身体发展迅速的阶段，舞蹈活动对幼儿的身体发展具有积极的促进作用。在舞蹈创编中，应重视以下方面的身体发展。

1. 动作技巧与协调能力

幼儿可以通过舞蹈活动提高动作技巧和协调能力。舞蹈的各种动作要求幼儿掌握基本的舞蹈步伐、身体姿势和动作要领。通过长期的练习和创编活动，幼儿可以逐渐提高动作的准确性和流畅度，培养良好的身体控制能力和动作的协调性。

在创编舞蹈动作时，要注重幼儿动作技巧的逐步提高。可以从简单的基础动作开始，逐渐引导幼儿掌握更复杂的动作技巧，如转身、跳跃、转体等。同时，要注重幼儿的个体差异，给予他们足够的支持和指导，使每个幼儿都能够按照自己的能力水平进行动作表演。

2. 空间意识与身体控制

舞蹈活动有助于培养幼儿的空间意识和身体控制能力。舞蹈要求幼儿在有限的舞台空间内进行动作表演，并能够控制自己的身体姿势和动作轨迹。通过舞蹈创编的训练，幼儿可以逐渐提高对空间的认知和利用能力，学会在有限空间中自由运动和表现。

在创编舞蹈时，可以通过一些空间感知的活动来培养幼儿的空间意识。例如，让幼儿进行身体的伸展、旋转、移动等活动，使他们能够感受到自己的身体在空间中的位置和方向。同时，要注重引导幼儿掌握身体的平衡和协调，使幼儿通过练习和挑战提高身体控制能力。

3. 健康与体能

舞蹈活动对幼儿的健康和体能发展有积极的影响。舞蹈是一种有氧运动，可以增强幼儿的心肺功能和肌肉力量。通过舞蹈创编和表演，幼儿可以进行全身性的运动，加快血液循环和新陈代谢，促进身体健康。

在进行舞蹈创编时，要注重幼儿的身体保护和健康指导。确保幼儿在舞蹈活动中使用正确的姿势和动作，避免过度的身体负荷和损伤风险。同时，要根据幼儿的体能水平和健康状况，合理安排舞蹈活动的强度和时长，保证舞蹈活动在给幼儿带来锻炼和享受的同时，不会对幼儿的身体健康造成不利影响。

（二）情感表达与审美意识

舞蹈活动对幼儿情感表达和审美意识的发展具有重要的作用。通过参与舞蹈创编和表演，幼儿可以培养情感表达能力，并且提高观察力、感知能力、艺术欣赏与创造力。

1. 情感表达

舞蹈是一种富有情感的艺术形式。幼儿可以通过舞蹈活动表达自己的情感和情绪，如喜悦、悲伤、愤怒等。在舞蹈创编中，可以综合运用情节、动作和音乐等元素来引导幼儿表达情感。幼儿可以用身体动作、面部表情和姿势等将内心的情感表达出来，从而提高情感表达的能力。

在舞蹈创编的过程中，要给予幼儿充分的自由发挥空间，鼓励他们表达真实的情感。同时，要引导幼儿理解并掌握情感表达的技巧，如通过动作的力度、速度、节奏等来表达不同的情感。

2. 观察力与感知能力

舞蹈活动可以提高幼儿的观察力和感知能力。舞蹈创编和表演需要幼儿对细节、动作和空间进行观察和感知，幼儿需要观察他人的舞蹈动作，学习他们的动作技巧和表达方式，并能够准确地模仿和理解。

在舞蹈活动中，可以组织幼儿进行观察训练，以培养幼儿的观察力。例如，播放不同舞蹈作品的表演视频，让幼儿观察舞蹈动作的细节和特点。同时，可以进行感知训练，如通过刺激触觉、听觉和视觉等感官，提高幼儿对音乐、节奏和空间的感知能力。

3. 艺术欣赏与创造力

舞蹈活动有助于培养幼儿的艺术欣赏与创造力。通过观看和欣赏优秀的舞蹈作品，幼儿可以培养对舞蹈艺术的兴趣和理解，提高审美能力。幼儿也可以欣赏舞蹈作品的美感、动感和情感表达，并且从中获得艺术的享受。

同时，舞蹈活动也能有效激发幼儿的创造力。在舞蹈创编中，幼儿可以自由发挥想象力和创造力，创造出属于自己的舞蹈动作和形象。在舞蹈创编的过程中，要鼓励幼儿提出自己的想法和意见，培养他们的独立思考能力。

（三）社交与合作能力

舞蹈活动对幼儿的社交与合作能力的发展起着重要的作用。通过与他人一起创编和表演舞蹈作品，幼儿可以培养团队合作和沟通能力，提高自我认知水平和自信心；舞蹈活动还可以促进文化交流和多元融合。

1. 团队合作和沟通能力

舞蹈活动是一个团队合作的过程。在舞蹈创编和表演中，幼儿需要与其他成员密切合作，共同完成舞蹈表演。在舞蹈团队中，幼儿需要进行有效的沟通。他们需要学会表达自己的想法和意见，并学会倾听和尊重他人的意见，能够理解和接受他人的观点。通过沟通，幼儿可以协调彼此的动作和节奏，确保整个舞蹈团队的表演协调一致，并学会在团队中扮演不同的角色。

为了培养幼儿的团队合作和沟通能力，可以在舞蹈活动中设置团队合作的任务和活动。例如：让幼儿分组合作创编舞蹈；在舞蹈表演中，让幼儿分工合作完成不同的舞蹈部分。这样可以帮助幼儿学会与他人合作、沟通和协调，培养他们的团队意识和合作能力。

2. 自我认知与自信心

舞蹈活动有助于提高幼儿的自我认知水平和自信心。在舞蹈表演中，幼儿需要展示自己的舞蹈技巧和表演能力，通过舞蹈的学习和表演，幼儿可以认识到自己的优势和潜力，加深自我认知。同时，舞蹈活动还可以培养幼儿的自信心。在舞蹈表演中，幼儿需要面对观众的目光和评价，展示自己的舞蹈才华。完成一次成功的舞蹈表演后，幼儿可以获得他人的赞赏和肯定，从而增强自信心。

为了促进幼儿的自我认知和自信心的发展，可以给予他们积极的鼓励和支持。在舞蹈活动中，鼓励幼儿展示自己的特点和风格，让他们感受到自己的优秀和价值。同时，要给予幼儿建设性的反馈和指导，帮助他们不断提高舞蹈技巧和表演水平。

3. 文化交流与多元融合

舞蹈活动是一种跨文化的艺术形式。通过舞蹈，幼儿可以接触和学习不同的舞蹈形式和风格，了解不同文化背景下的舞蹈的特点，进一步理解和尊重多元文化，这有助于促进文化交流和多元融合，培养幼儿的跨文化意识和包容心。幼儿可以与来自不同文化背景的同伴进行交流和合作，增进彼此之间的友谊。在舞蹈活动中，可以引入不同文化的舞蹈形式和音乐，让幼儿体验和学习多样化的舞蹈风格。通过观看和学习不同文化的舞蹈作品，幼儿可以拓宽自己的视野，拓展对世界的认知。

同时，教师也可以鼓励幼儿创造融合不同文化元素的舞蹈作品。通过将不同文化的舞蹈元素进行融合，幼儿可以创造出独特而丰富的舞蹈作品，展示文化的多样性和文化交流的美好。

要点回顾

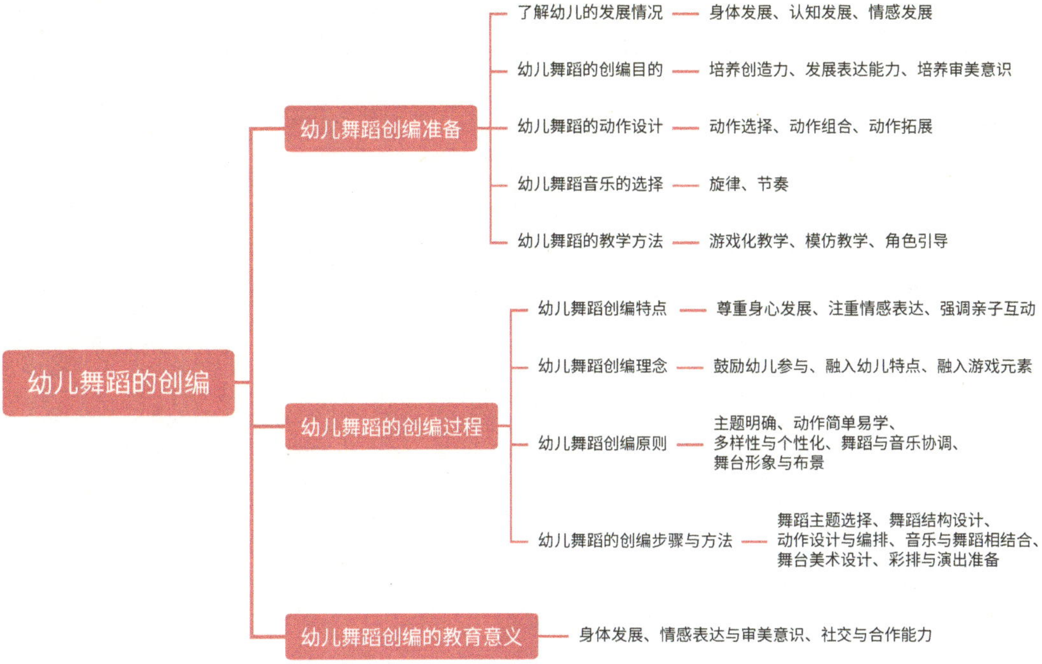

思考练习

1. 在创编幼儿舞蹈时，有哪些因素需要考虑？

2. 如何选择适合幼儿的音乐和舞蹈风格？有没有特定的音乐和舞蹈元素适合幼儿舞蹈创编？

3. 在创编幼儿舞蹈时，如何保持趣味性和互动性？有没有特定的动作、表情或故事情节可以吸引幼儿的注意力、提升幼儿的参与度？

4. 在创编幼儿舞蹈时，如何提升幼儿的创造力和表达能力？有没有特定的启发方法或活动可以鼓励幼儿参与舞蹈创编过程？

实践篇

第二章 舞蹈基础组合

第一节 热身组合《加油鸭》

组合意义

1. 激发积极情绪。《加油鸭》是一首欢快、活泼的歌曲，可以激发幼儿的积极情绪和兴奋感。这有助于调动幼儿的情绪状态，提升他们的参与度和专注力。

2. 提高身体灵活性。《加油鸭》的舞蹈动作调动了身体的各个部位，如头部、手臂、腰部、腿部等。通过练习，幼儿可以锻炼身体的柔韧性和灵活性，提升身体协调性和运动能力。

学习目标

1. 通过练习头、肩、腰的动作，让身体肌肉全部活动开，达到热身的效果。
2. 训练手臂与肩、腰的协调配合。

组合基本动作

1. 叉腰手位：双手四指并拢、虎口张开，叉于腰间，手腕下压，肘尖向旁（图2-1-1）。

2. 交叉点肩手：双手交叉，指尖点在肩膀上（图2-1-2）。

3. 点肩手：双肘向两侧，双手指尖点在肩膀上（图2-1-3）。

4. 双耸肩：身体直立，双肩向上耸起，再放下。

5. 倾头：后背直立，双肩平正，固定不动，颈部一侧肌肉最大限度收缩，另一侧肌肉最大限度拉伸，目视前方（图2-1-4）。

6. 手指交叉推手：双手手指相扣，掌心向外，指根与掌心发力（图2-1-5）。

7. 转腰：脚下与骨盆固定不动，以腰为轴，腰以及腰以上的身体部位向左或向右最大限度转动（图2-1-6）。

8. 原地碎步：双脚正步位，前脚掌着地，后跟微微抬起，双脚快速交替碎踏步。

9. 结束造型：如图2-1-7所示。

组合练习

1. 准备姿势：双脚正步位，身体直立，双手放在身体两侧。

2. 准备音乐：（两个八拍。）

3. 准备动作：（准备音乐的第二个八拍起。）

［2—8］拍：1—2拍双叉腰；3—4拍双手交叉点肩；5—6拍双手打开点肩；7—8拍双手向旁斜上方打开。

4. 主体动作：

（1）第一段。

［1—8］拍：旁按手，1—2拍双耸肩，1拍耸肩，2拍放下；3—4拍肩膀重复，右脚向2点，左脚旁点地；5—8拍双耸肩两次，左脚向8点，右脚旁点地。

［2—8］拍：1—2拍双叉腰，右倾头；3—4拍双叉腰，左倾头；5—7拍一拍一次倾头，做三次；8拍头回正。

［3—8］拍：旁按手，1—2拍双耸肩，1拍耸肩，2拍放下；3—4拍肩膀重复，左脚向8点，右脚旁点地；5—8拍双耸肩两次，右脚向2点，左脚旁点地。

［4—8］拍：1—2拍双叉腰，左倾头；3—4拍双叉腰，右倾头；5—7拍一拍一次倾头，做三次；8拍头回正。

［5—8］拍：1—2拍双脚打开，与肩同宽，手指交叉掌心向内，双肘端平打开；3—4拍推手向前，掌心向外，双臂伸直；5—8拍向右转腰两次。

［6—8］拍：1—4拍重复前面动作；5—8拍向左转腰两次。

［7—8］拍：1—2拍双脚打开，与肩同宽，手指交叉掌心向内，双肘端平打开；3—4拍推手向前，双臂伸直；5—8拍双臂向上伸直，向后活动肩膀两次。

［8—8］拍：1—2拍重复前面动作；3—4拍推手向前，双臂伸直；5—8拍双臂向下碰地面两次。

（2）第二段。

［1—8］至［7—8］拍重复第一段。

［8—8］拍：1—4拍原地碎步，双手握拳，双臂弯曲在身体两侧，前后摆动；5—8拍右脚向前迈步，双手向旁斜上方打开。

注意要点

1. 做组合动作时，时刻注意身体直立挺拔。

2. 转腰时，脚下与骨盆固定不动，以腰为轴，腰以及腰以上的身体部位向左、向右和向前最大限度转动。

3. 耸肩时，注意肩部的耸起和放下。

教学示范

扫码获取教学示范视频及音频。

教学示范

示范图例

图2-1-1

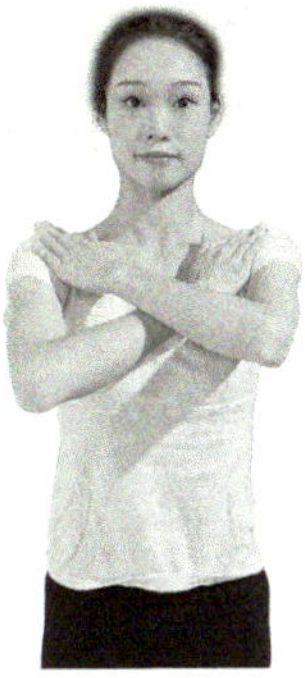

图2-1-2

图2-1-3

图2-1-4

图2-1-5

图2-1-6

图2-1-7

第二节　勾绷脚练习组合《我会听话》

组合意义

1. 培养听从指令的能力。《我会听话》的舞蹈动作通常与指令和歌词配合，通过跳舞和表演，幼儿可以学习和练习听从指令。这有助于培养幼儿的注意力、集中力和执行力，同时提高他们对指令和规则的理解和遵守能力。

2. 提升身体灵活性。《我会听话》的舞蹈动作涉及勾绷脚的动作，这可以帮助幼儿锻炼脚的灵活性。

3. 增强自信心和表达能力。在舞蹈表演中，幼儿可以通过展示舞蹈动作和表情来表达自己。舞蹈活动为幼儿提供了展示自己的舞台，鼓励他们展示自己的能力和个性。这有助于增强幼儿的自信心和表达能力，培养他们勇于表达和展示自己的态度和能力。

学习目标

1. 训练良好的坐姿。

2. 训练脚踝的灵活性及勾绷脚的动作形态。

组合基本动作

1. 正步位绷脚伸坐：正步位伸坐，直膝双绷脚，上身保持直立（图2-2-1）。

2. 双吸腿绷脚坐：双腿屈膝靠拢，绷脚且脚尖点地，身体直立。

3. 倾头：后背直立，双肩平正，固定不动，颈部一侧肌肉最大限度收缩，另一侧肌肉最大限度拉伸，目视前方。

4. 双勾脚：脚踝用力，脚跟往远蹬，脚尖带动整脚最大限度勾起，脚与腿形成勾曲式造型（图2-2-2）。

5. 双绷脚：脚踝伸展，脚背用力，脚尖下压，与腿部形成流线式造型（图2-2-3）。

6. 单勾脚：脚踝用力，右脚（左脚）跟往远蹬，右脚（左脚）脚尖带动整脚最大限度勾起，脚与腿形成勾曲式造型（图2-2-4）。

7. 单绷脚：单脚踝伸展，脚背用力，脚尖下压。

8. 点肩单勾脚屈膝：点肩，右臂（左臂）弯曲，右手（左手）指尖点在右（左）肩上，大臂端平。右（左）脚勾脚，同时右（左）膝屈膝，左（右）脚不动（图2-2-5）。

9. 双脚向外环动：双脚脚踝用力，双勾脚尖带动整脚勾起，向外转开，大腿由内向外转开，再到绷脚，慢慢双腿并拢。

10. 双脚向里环动：双脚脚踝用力，双绷脚向外直腿转开，膝盖绷直，再到勾脚，双腿并拢，再到绷脚伸坐。

11. 双手交叉点膝：右手从旁点地画圆到指尖点左膝盖，左手从旁点地画圆到指尖点右膝盖（图2-2-6）。

12. 前压腿：坐压前腿，正步位伸坐，上身保持直立，向前折叠俯于腿上，后背延伸拉长（图2-2-7）。

13. 吸腿抱团身：双腿最大限度收回，双手手腕交叉，右手在上抱于小腿上，额头贴膝盖（图2-2-8）。

14. 吸腿抱团身勾脚：双腿最大限度收回，双手手腕交叉，右手在上抱于小腿上，额头贴膝盖，双脚勾脚，脚跟落地。

组合练习

1. 准备姿势：模仿睡觉的舞姿，身体向2点，双腿屈膝弯曲向右，双抱手，上身趴在地面，头枕在双臂上。

2. 准备音乐：（四个八拍。）

3. 准备动作：（准备音乐的第二个八拍起。）

[2—8]拍：1—4拍双臂向外画半圆，打开至旁点地，上身起；5—8拍双手旁点地，上身保持直立，双腿不动。

[3—8]拍：1—4拍转身向1点，双吸腿绷脚点地，手旁点地，上身保持直立；5—8拍双腿慢慢伸直，正步位伸坐。

[4—8]拍：1—2拍倾头向右；3—4拍左倾头一次；5—6拍右倾头一次；7—8拍头回正，上身保持直立，手旁点地。

4. 主体动作：

（1）第一段。

[1—8]拍：1—2拍单勾右脚，左倾头；3—4拍回正，上身直立，手旁点地；5—6拍单勾左脚，右脚不动，左倾头；7—8拍回正。

[2—8]拍：1—2拍单勾右脚，右手臂点右肩，左倾头；3—4拍右脚勾脚屈膝，上身后背保持直立；5—6拍右腿屈膝伸直，右脚保持勾脚；7—8拍右脚回绷脚，右臂点肩手回旁点地，头回正。

[3—8]拍：1—2拍单勾左脚，右倾头；3—4拍回正，上身直立，手旁点地；5—6拍单勾右脚，左脚不动，左倾头；7—8拍回正。

[4—8]拍：1—2拍单勾左脚，左手臂点左肩，右倾头；3—4拍左脚勾脚屈膝，上身后背保持直立；5—6拍左腿屈膝伸直，左脚保持勾脚；7—8拍左脚回绷脚，左臂点肩手回旁点地，头回正。

（2）间奏连接动作。

[1—8]拍：1—4拍吸腿抱团身，双腿最大限度收回，双手手腕交叉，右手在上抱于小腿上，额头贴膝盖，双绷脚，脚尖点地；5—6拍上身保持不动，双绷脚点地转2

点；7—8拍上身打开，双手旁点地；双腿伸坐绷脚。

（3）第二段。

［1—8］拍：1—2拍双勾脚尖；3—4拍双勾脚；5—6拍双绷脚背；7—8拍回双绷脚。

［2—8］拍：1—2拍右手点左膝；3—4拍左手点右膝，双手交叉点膝；5—6拍前压腿一次，双手点在脚背上；7—8拍回正。

［3—8］拍：重复第二段［1—8］拍动作，做反面动作。

［4—8］拍：重复第二段［2—8］拍动作，做反面动作。

（4）第三段。

［1—8］拍：双勾脚，脚向外环动，双脚脚踝用力，双勾脚尖带动整脚勾起，向外转开，大腿由内向外转开，再到绷脚，慢慢双腿并拢。

［2—8］拍：双绷脚，脚由外向里环动，双脚脚踝用力，双绷脚向外直腿转开，膝盖绷直，再到勾脚，双腿并拢，再到绷脚伸坐。

［3—8］拍：1—2拍吸腿抱团身勾脚，双腿最大限度收回，双手手腕交叉，右手在上抱于小腿上，额头贴膝盖，双脚勾脚，脚跟落地；3—4拍不动；5—6拍双腿伸坐，双勾脚，双手交叉点膝；7—8拍回到双绷脚伸坐，双手打开至旁点地，后背直立，眼睛平视看2点。

［4—8］拍：重复第三段［3—8］拍动作。

［5—8］拍：双绷脚，脚由外向里环动，双脚脚踝用力，双绷脚向外直腿转开，膝盖绷直，再到勾脚，双腿并拢，再到绷脚伸坐。

［6—8］拍：双勾脚，脚向外环动，双脚脚踝用力，双勾脚尖带动整脚勾起，向外转开，大腿由内向外转开，再到绷脚，慢慢双腿并拢。

［7—8］拍：1—2拍吸腿抱团身勾脚，双腿最大限度收回，双手手腕交叉，右手在上抱于小腿上，额头贴膝盖，双脚勾脚，脚跟落地；3—4拍不动；5—6拍双腿伸坐，双勾脚，双手交叉点膝；7—8拍回到双绷脚伸坐，双手打开至旁点地，后背直立，眼睛平视看2点。

（5）结束动作。

［1—8］拍：模仿睡觉的舞姿，身体向8点，双腿屈膝弯曲向右，双抱手，上身趴在地面，头枕在双臂上。

注意要点

1. 坐姿强调后背直立，头顶和尾椎向两头延展。

2. 做压前腿时注意上身保持直立，向前折叠俯于腿上，背延伸拉长。腹部贴大腿，胸贴膝盖，下巴延伸贴小腿。

3. 在做双绷脚、双勾脚的环动时，注意腿部外转的开度，膝盖绷直、后背挺直。

教学示范

扫码获取教学示范视频及音频。

教学示范

示范图例

图2-2-1

图2-2-2

图2-2-3

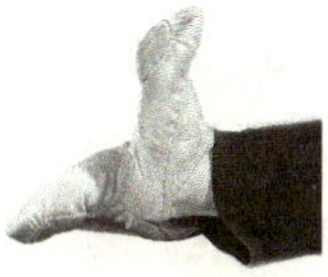
图2-2-4

图2-2-5

图2-2-6

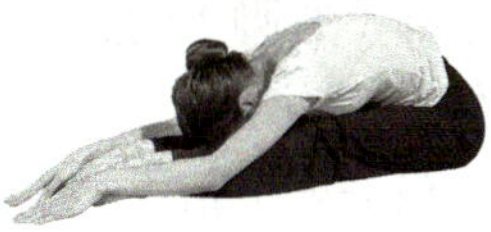
图2-2-7

图2-2-8

第三节　手的练习组合《石头剪刀布》

组合意义

1. 提升手部协调能力。《石头剪刀布》的舞蹈动作主要集中在手部和胳膊的运动上，通过反复练习，幼儿可以提升手部的协调能力，包括手指的灵活性、手腕的控制力和手臂的协调性。这对幼儿的手部发展和精细动作技能的提高非常有益。

2. 培养节奏感和音乐表达能力。《石头剪刀布》的舞蹈动作与特定的音乐、节奏配合。通过配合音乐节奏进行手部动作的表演，幼儿可以培养、提升节奏感与音乐表达能力。这有助于幼儿的音乐感知能力和身体表达能力的发展。

3. 锻炼手眼协调能力。在舞蹈组合《石头剪刀布》练习中，幼儿需要根据音乐和指令的提示，迅速做出相应的手势动作。这要求幼儿发展和提高手眼协调能力，能够准确地对音乐和指令做出反应。这对幼儿的感知能力、反应能力和动作准确性的培养非常有帮助。

4. 增强肌肉力量和提升灵活性。手部和胳膊的练习需要幼儿运用肌肉。通过反复练习，幼儿可以增强手部和胳膊的肌肉力量，并提高它们的灵活性和对肌肉的控制能力。这对幼儿的身体发展和动作技巧的提高非常有益。

学习目标

1. 训练扩指手型及手的灵活性。
2. 训练手臂的表现力及对手臂运动路线的认知。
3. 训练手臂的方位感知能力。

组合基本动作

1. 正步位行进踏步：左脚启动，高抬腿踏步向前行进，双臂弯曲，在身体两侧交替摆臂。
2. 旁按手：双臂在身体两侧旁斜下位，手掌平掌平行，掌心平行于地面。
3. 叉腰手：双手虎口打开卡在腰部两侧，手肘朝两边。
4. 勾脚旁点地：左脚（右脚）勾脚，脚跟落地，主力腿屈膝半蹲（图2–3–1）。
5. 单手画圆：如图2–3–2所示。
6. 扩指前后摆手：双手呈扩指手型，五指最大限度张开，指根发力；前后摆手。
7. 双拍手：双手于胸前拍手。
8. 前斜下位摊手：双手平掌，手心向上，在前斜下位（图2–3–3）。
9. 手指交叉推手：双手手指相扣，掌心向外，指根与掌心发力。
10. 点肩手：前点肩手、旁点肩手、交叉点肩手、大臂端平（图2–3–4）。
11. 仰头：头最大限度向后仰，拉伸脖子肌肉。
12. 抖手指：手掌不动，手指交替向下抖动（图2–3–5）。
13. 前后摆臂吸跳步：脚下吸跳步，双臂屈肘，摆臂于身体两侧。
14. 石头剪刀布造型：正步位，双手在前斜下位握拳，呈石头造型。正步位，双手在脸部左右两侧做剪刀手，双肘端平。正步位俯身约60°，双手呈扩指手型，掌心向外在脸部左右两侧做布手（图2–3–6至图2–3–8）。

组合练习

1. 准备姿势：正步位，屈肘动作准备。

2. 准备音乐：（四个八拍。）

3. 准备动作：

[1—8] 拍：1—8拍双手屈肘摆臂，右脚起，正步位踏步向前走。

[2—8] 拍：1—8拍双手屈肘摆臂，正步位踏步向前走。

[3—8] 拍：1—8拍双手屈肘摆臂，正步位踏步转1点。

[4—8] 拍：1—4拍小碎步后退，双手体前斜下位交叉，打开到旁按手；5—8拍双叉腰手，正步位。

4. 主体动作：

（1）第一段。

[1—8] 拍：1—4拍左手不动，右手在腹部前画圆两次，模仿摸肚子的动作；5—6拍右手打开至旁按手，左手不动，左脚勾脚旁点地，右脚半蹲屈膝，胯部向右顶胯；7拍主力腿右腿立直；8拍向右顶胯。

[2—8] 拍：重复 [1—8] 拍动作，做反面动作。

[3—8] 拍：身体向左，1—4拍正步位半蹲两次，两拍一次，扩指摆手两次；5—6拍正步位面朝1点，双手在胸前拍手两次；7—8拍前斜下位摊手。

[4—8] 拍：身体向右，1—4拍正步位半蹲两次，两拍一次，扩指摆手两次；5—6拍正步位面朝1点，双手在胸前拍手两次；7—8拍前斜下位摊手。

[5—8] 拍：1—2拍右手前平位呈立掌手型，指尖朝上；3—4拍左手前平位呈立掌手型，指尖朝上；5—8拍交叉推手，俯身，双手手心碰地面两次，两拍一次。

[6—8] 拍：1—2拍右手点右肩，肘朝1点，大臂端平；3—4拍反面左手点肩膀；5—8拍双肘向旁打开的同时，头部向后仰两次。

[7—8] 拍：重复 [5—8] 拍动作。

[8—8] 拍：重复 [6—8] 拍动作。

（2）第二段。

[1—8] 拍：1—4拍前后摆臂，吸跳步，先右脚；5拍前斜下位双手握拳；6拍双手在双眼前比作剪刀的手型；7—8拍上身前倾90°，双手在脸颊两边呈扩指手型。

[2—8] 拍：1—4拍前后摆臂，吸跳步，先左脚；5拍前斜下位双手握拳；6拍双手在双眼前比作剪刀的手型；7—8拍上身前倾90°，双手在脸颊两边呈扩指手型。

[3—8] 拍：前后摆臂，吸跳步，双人一组转半圈，交换位置。

[4—8] 拍：1—4拍正步位，半蹲，身体朝8点，双手从上向下抖手指；5—8拍双手于胸前交叉点肩，右脚勾脚旁点地，身体朝2点。

[5—8] 拍：1—4拍前后摆臂，吸跳步，先右脚；5拍前斜下位双手握拳；6拍双手在双眼前比作剪刀的手型；7—8拍上身前倾90°，双手在脸颊两边呈扩指手型。

[6—8] 拍：1—4拍前后摆臂，吸跳步，先左脚；5拍前斜下位双手握拳；6拍双手在双眼前比作剪刀的手型；7—8拍上身前倾90°，双手在脸颊两边呈扩指手型。

[7—8] 拍：前后摆臂，吸跳步，双人一组转半圈，交换位置。

[8—8] 拍：1—4拍正步位，半蹲，身体朝2点，双手从上向下抖手指；5—8拍双手于胸前交叉点肩，右脚勾脚旁点地，身体朝8点。

（3）结束动作。

［1—8］拍：1—8拍双手屈肘摆臂，两组右脚起，正步位踏步分别向3、7点下场。

［2—8］拍：1—8拍双手屈肘摆臂，正步位踏步分别向3、7点下场。

注意要点

1. 扩指：五指最大限度张开，指根发力。
2. 点肩：大臂架平，手指点肩。
3. 手臂的方位：旁平位、胸前位、旁斜下位、旁斜上位、正上位。

教学示范

扫码获取教学示范视频及音频。

教学示范

示范图例

图2-3-1

图2-3-2

图2-3-3

图2-3-4

图2-3-5

图2-3-6

图2-3-7

图2-3-8

第四节　吸伸腿练习组合《晚安喵》

组合意义

1. 培养观察力和模仿能力。要模仿小猫的动作，幼儿需要仔细观察和理解小猫的动作，并尝试模仿它们的姿势和动作。这可以培养幼儿的观察力和模仿能力，提高他们对动作细节的敏感性。

2. 训练吸腿和伸腿的灵活性。舞蹈组合《晚安喵》强调吸腿和伸腿动作，通过反复练习，幼儿可以逐渐提高腿部的灵活性。这对幼儿的身体发展和柔韧性的培养非常有益。

3. 培养舞台表演技巧。舞蹈组合《晚安喵》通过模仿小猫的动作来呈现角色。这可以帮助幼儿培养舞台表演技巧，包括姿势的展现、情感的传达和角色的演绎。这对幼儿的表达能力和自信心的培养非常有帮助。

4. 增添乐趣和互动性。舞蹈组合《晚安喵》以模仿小猫的动作为特点，为幼儿提供了有趣和互动性强的舞蹈体验，幼儿可以在和其他幼儿一起练习舞蹈的过程中，享受舞蹈活动的乐趣，并与他人互动和合作。

学习目标

1. 训练腿部肌肉的力量及腿、手、身体的协调性。
2. 训练胯部的稳定性和外开度。

组合基本动作

1. 小猫造型：如图2-4-1所示。
2. 小猫挠脸：如图2-4-2所示。
3. 摸胡须：如图2-4-3所示。
4. 双勾脚：双脚脚踝用力，脚跟往远处蹬，脚尖带动整脚最大限度勾起，脚与腿形成勾曲式造型。
5. 双绷脚：双脚脚踝伸展，脚背用力，脚尖下压，与腿部形成流线式造型。
6. 单勾脚：脚踝用力，右脚（左脚）跟往远处蹬，右脚（左脚）脚尖带动整脚最大限度勾起，脚与腿形成勾曲式造型。
7. 吸腿：主力腿紧贴地面，动力腿绷脚，由膝盖带动腿与脚尖吸至主力腿膝盖旁，膝盖朝上（图2-4-4）。
8. 伸腿：动力腿以膝盖为轴，小腿慢慢向前延伸伸直（图2-4-5）。
9. 旁吸腿：主力腿紧贴地面，动力腿绷脚，由膝盖带动腿与脚尖吸至主力腿膝盖旁，膝盖开胯朝旁（图2–4–6）。

10. 旁伸腿：动力腿以膝盖为轴，小腿慢慢向旁延伸伸直（图2–4–7）。

11. 伸腿压腿：主力腿紧贴地面，动力腿绷脚，由膝盖带动腿与脚尖延伸伸直的同时，上半身尽量贴腿（图2–4–8）。

12. 双吸腿：后背保持直立，双吸腿弯曲，绷脚脚尖点地（图2–4–9）。

13. 开小跨：双脚并拢，双腿弯曲，双膝朝两旁打开，腿部尽量主动贴地面（图2–4–10）。

14. 地面前压腿：双腿伸坐绷脚，上半身尽量贴住腿部。

15. 吸伸腿勾脚：一腿吸伸腿至90°的同时勾脚（图2–4–11）。

16. 吸伸腿绷脚：一腿吸伸腿至90°的同时绷脚（图2–4–12）。

组合练习

1. 准备姿势：朝2点方向盘坐，双手旁点地，后背直立。

2. 准备音乐：（四个八拍。）

3. 准备动作：

[1—8]拍：1—4拍盘坐不动；5—8拍双手握拳，提腕于胸前。

[2—8]拍：1—2拍右手在右脸颊画两个小立圆；3—4拍反面左手重复1—2拍动作；5—8拍双手从头上方向两边落到旁点地，后背直立。

[3—8]拍：1—4拍双手呈扩指手型，掌心向外，往两边打开，模仿小猫摸胡须；5—8拍双手直接打开至两侧，然后落地，微微后靠。

[4—8]拍：双腿由盘坐慢慢打开至绷脚伸坐。

4. 主体动作：

（1）第一段。

[1—8]拍：1—2拍吸右腿；3—4拍伸直腿，使腿与地面成45°；5—6拍回到吸腿，脚尖点地；7—8拍右腿绷脚伸直，紧贴地面。

[2—8]拍：重复[1—8]拍动作，做反面左腿动作。

[3—8]拍：1—2拍向旁吸右腿；3—4拍伸直腿，使腿与地面成90°；5—6拍回到吸旁腿；7—8拍左腿绷脚伸直，紧贴地面。

[4—8]拍：重复[3—8]拍动作，做反面左腿动作。

[5—8]拍：1—2拍吸右腿；3—4拍伸直腿，使腿与地面成45°；5—6拍左手臂从旁画半圆至手碰脚尖，伸腿压腿；7—8拍手回扶地面，右腿绷脚伸直，紧贴地面。

[6—8]拍：重复[5—8]拍动作，做反面左腿动作。

[7—8]拍：1—2拍双吸腿；3—4拍双膝打开到开小胯；5—6拍回到双吸腿；7—8拍双腿绷脚伸直。

[8—8]拍：重复[7—8]拍动作。

（2）间奏连接动作。

[1—8]拍：1—4拍双手从扶地画半圆至双手碰脚尖；5—8拍双腿绷脚伸坐前压腿。

[2—8]拍：上半身慢慢起身，双手从体前慢慢打开至与肩平行，手心向下贴地面。

（3）第二段。

［1—8］拍：1—2拍吸右腿；3—4拍伸直腿，使腿与地面成90°；5—6拍回到吸腿，脚尖点地；7—8拍右腿绷脚伸直，紧贴地面。

［2—8］拍：重复［1—8］拍动作，做反面左腿动作。

［3—8］拍：1—2拍向旁吸右腿；3—4拍伸直腿，使腿与地面成90°；5—6拍回到吸旁腿；7—8拍右腿绷脚伸直，紧贴地面。

［4—8］拍：1—2拍向旁吸左腿；3—4拍伸直腿，使腿与地面成90°；5—6拍回到吸旁腿；7—8拍左腿绷脚伸直，紧贴地面。

［5—8］拍：1—2拍吸右腿；3—4拍伸直腿，使腿与地面成90°；5—6拍右腿伸直的同时，右脚勾脚；7—8拍绷脚的同时，右腿有控制地落下。

［6—8］拍：1—2拍吸左腿；3—4拍伸直腿，使腿与地面成90°；5—6拍左腿伸直的同时，左脚勾脚；7—8拍绷脚的同时，左腿有控制地落下。

［7—8］拍：1—2拍双吸腿；3—4拍双膝打开到开小胯；5—6拍回到双吸腿；7—8拍双腿绷脚伸直。

［8—8］拍：1—2拍双吸腿；3—4拍双膝打开到开小胯；5—6拍回到双吸腿；7—8拍双腿绷脚伸直，结束。

注意要点

1. 吸腿：吸腿时注意胯根的收缩发力。
2. 伸腿：伸腿时，注意动力腿做动作的同时，主力腿控制大腿保持不动。
3. 开胯：做开小胯动作时，注意后背及腰部直立 。

教学示范

扫码获取教学示范视频及音频。

教学示范

示范图例

图2-4-1

图2-4-2

图2-4-3

图2-4-4

图2-4-5

图2-4-6

图2-4-7

图2-4-8

图2-4-9

图2-4-10

图2-4-11

图2-4-12

第五节　中国古典舞手位、脚位练习组合《茉莉花》

组合意义

1. 传承中华优秀传统文化。中国古典舞具有悠久的历史和独特的美学价值，学习舞蹈组合《茉莉花》，幼儿可以深入了解和传承这一优秀的文化遗产。

2. 提升身体协调性和柔韧性。中国古典舞注重身体的协调性和柔韧性。学习中国古典舞手位和脚位的组合，对幼儿的身体素质和舞蹈技巧的提升非常有益。

3. 提升审美能力和艺术表达能力。通过学习中国古典舞手位和脚位的组合，幼儿可以掌握中国古典舞的艺术表达技巧和独特的艺术表现力，从而提升审美能力和艺术表达能力。

学习目标

1. 了解中国古典舞的基本手位。
2. 了解中国古典舞的基本脚位。

组合基本动作

1. 丁字位：一只脚脚跟与另一只脚脚心相靠，形成丁字位，脚尖朝向斜前方（图2-5-1）。

2. 八字位：双脚脚跟相靠，脚尖朝向斜前方，重心在两脚中间，为小八字位（图2-5-2）。在小八字位的基础上，向旁迈出一脚的位置，即为大八字位。

3. 正步位：双脚脚尖向前，两脚内侧靠紧。脚尖与膝盖成垂直线。

4. 踏步位：身体朝2点，在丁字位的基础上右脚向6点撤步，脚掌踏地，膝盖弯曲靠在前腿膝盖的后方（图2-5-3）。

5. 前点步：在小八字位的基础上，一脚绷脚前点地，重心在后脚（图2-5-4）。

6. 大掖步位：在踏步位的基础上，左腿屈膝半蹲，右脚向6点伸直绷脚（图2-5-5）。

7. 踏步转：在踏步位的基础上，身体从2点转向8点的踏步位。

8. 手型（女）：四指并在一起，大拇指指腹向中指靠拢，四指指尖微微上翘，指尖向中间靠（图2-5-6、图2-5-7）。

9. 双背手：双手呈兰花指手型，手背贴于腰部，手心向外（图2-5-8、图2-5-9）。

10. 山膀：双臂向体旁打开90°，小臂内旋，手肘微弯，腕部向下按，外推成弧形。单手做为单山膀，双手做为双山膀（图2-5-10）。

11. 托掌：双手由山膀位抬至头上，手心向上，抬眼不抬头可以看见的位置为双托掌。单手做为单托掌（图2-5-11）。

12. 按掌：一手臂抬至胸前与胃部中间的前方，小臂弯曲保持圆弧状，手心向外，指尖上翘。双手做为双按掌。

13. 托按掌：一手按掌，另一手托掌（图2-5-12）。

14. 山膀按掌：一手山膀，另一手按掌（图2-5-13）。

15. 顺风旗：一手托掌，另一手山膀（图2-5-14）。

组合练习

1. 准备姿势：身体朝2点，双背手，左脚在前的丁字位。
2. 准备音乐：（一个八拍）不做动作。
3. 主体动作：

（1）第一段。

[1—8]拍：1—4拍双手从背手慢慢打开至双山膀的位置；5—8拍腕部下压的同

时，眼从3点转向1点。

［2—8］拍：双手由山膀位抬至头上，手心向上，直至抬眼不抬头可以看见的位置，脚下丁字位。

［3—8］拍：右手慢慢下来到按掌，左手托掌为托按掌；左脚绷脚出到前点地，支撑腿半蹲，重心在后。

［4—8］拍：1—2拍左手放下到双按掌，重心移动到前脚；3—4拍双按掌，踏步位；5—6拍后脚伸直到大掖步，左手按掌向旁打开至托掌，下右旁腰。

［5—8］拍：右手由按掌位打开到托掌，左手从托掌落至山膀为顺风旗，脚下大掖步。

［6—8］拍：1—4拍右手从托掌落至胸前按掌，为按掌山膀，脚下重心后移到踏步位，半蹲；5—8拍左手打开至山膀，脚下踏步位转一圈。

［7—8］拍：双手从山膀呼吸回到双背手，左脚从踏步回到在后的丁字位。

（2）第二段。

［1—8］拍：1—4拍双手从背手慢慢打开至双山膀的位置；5—8拍腕部下压的同时，眼从7点转向1点。

［2—8］拍：双手由山膀位抬至头上，手心向上，直至抬眼不抬头可以看见的位置，脚下丁字位。

［3—8］拍：左手慢慢下来到按掌，右手托掌为托按掌；右脚绷脚出到前点地，支撑腿半蹲，重心在后。

［4—8］拍：1—2拍右手放下到双按掌，重心移动到前脚；3—4拍双按掌，踏步位；5—6拍后脚伸直到大掖步，右手按掌向旁打开至托掌，下左旁腰。

［5—8］拍：左手由按掌位打开到托掌，右手从托掌落至山膀为顺风旗，脚下大掖步。

［6—8］拍：1—4拍左手从托掌落至胸前按掌，为按掌山膀，脚下重心后移到踏步位，半蹲；5—8拍右手打开至山膀，脚下踏步位转一圈。

［7—8］拍：双手从山膀呼吸回到双背手，右脚从踏步回到小八字位，身体朝1点，结束。

注意要点

1. 山膀：双臂向体旁打开90°，小臂内旋，手肘微弯，腕部向下按，外推成弧形。
2. 大掖步：做大掖步时，注意后腿的膝盖要伸直。
3. 踏步蹲转：在做转体时，转至5点的过程中，两脚重心要换。

教学示范

扫码获取教学示范视频及音频。

教学示范

示范图例

图2-5-1

图2-5-2

图2-5-3

图2-5-4

图2-5-5

图2-5-6

图2-5-7

图2-5-8

图2-5-9

图2-5-10

图2-5-11

图2-5-12

图2-5-13

图2-5-14

第六节 手臂练习组合《竹蜻蜓》

组合意义

1. 提升手部灵活性。舞蹈组合《竹蜻蜓》注重手部的动作表达。要模仿蜻蜓飞行的动作，幼儿需要运用手部的各个关节灵活地动作，如展开、收拢、扇动等。这有助于提升幼儿手部的灵活性和手指的灵活控制能力。

2. 锻炼胳膊肌肉。幼儿模仿蜻蜓飞行时，胳膊扮演着重要的角色，幼儿需要运用胳膊的肌肉来展开、收拢和扇动手臂。这可以帮助幼儿锻炼胳膊肌肉，增强肌肉力量和耐力。

3. 强化胸背部肌肉。幼儿模仿蜻蜓飞行时，胸背部的肌肉起到支撑和稳定身体的作用，幼儿需要保持胸背部挺直和稳定，以完成手臂动作。这有助于强化幼儿的胸背部肌肉，提高幼儿的身体控制能力。

4. 培养舞台表演技巧。舞蹈组合《竹蜻蜓》通过模仿蜻蜓飞行的动作来塑造角色。幼儿需要学习如何运用手臂动作来表现蜻蜓的优雅和轻盈。这可以帮助幼儿培养舞台表演技巧，包括手部的表现力、身体姿势的控制和角色的演绎。

学习目标

1. 训练手与手臂的肌肉。
2. 训练手臂的方位感知能力。

组合基本动作

1. 平掌提腕手：双手四指并拢，虎口打开，腕部上提，在旁斜上位（图2-6-1）。

2. 旁按手：双臂在身体两侧旁斜下位，手掌平掌平行，掌心平行于地面（图2-6-2）。

3. 旁斜上位波浪手：在旁斜上位大臂带动肘，肘带动小臂，小臂带动手腕，手腕带动手指尖，呈波浪形。

4. 胸前波浪手：双臂横于胸前，大臂端平，在胸前做波浪手（图2-6-3）。

5. 旁斜下位波浪手：双臂在旁斜下位做波浪手。

6. 单膝跪地：一脚在前单膝弯曲、单脚踏地，一脚在后单膝跪地（图2-6-4）。

7. 旁移碎步：小碎步向旁移动。

8. 前推手：手背朝前，由大臂发力带动手臂向前推（图2-6-5）。

9. 后拉手：手肘发力带动手臂向后慢慢拉（图2-6-6）。

10. 左右推手：双手在后向左、向右推出去。

11. 走步：一只脚勾脚向前迈步，重心随之移动向前，双脚交替往前行进走步。

组合练习

1. 准备姿势：身体朝1点，旁按手，正步位准备。

2. 准备音乐：（两个八拍）不做动作。

3. 主体动作：

（1）第一段。

［1—8］拍：1—2拍右手旁斜上位平掌提腕；3—4拍左手旁斜上位平掌提腕；5—8拍做加倾头的两个旁斜上位波浪手。

［2—8］拍：1—2拍右手先落至旁斜下位，左倾头；3—4拍左手落，右倾头；5—8拍做加倾头的两个旁斜下位波浪手。

［3—8］拍：1—2拍右手于胸前平掌，左倾头；3—4拍左手于胸前平掌，右倾头；5—8拍做两个胸前波浪手。

［4—8］拍：1—3拍一拍一次胸前波浪手，做三个，脚下小碎步向右移动；4拍左脚斜前点地，支撑腿半蹲，双手于胸前，右倾头；5—7拍一拍一个波浪手，第一个波浪手在胸前，第二个波浪手在肩前，第三个波浪手双臂打开，脚下小碎步向左移动；8拍右脚斜前点地，支撑腿半蹲，双臂打开，左倾头。

［5—8］拍：1—2拍右脚在前交叉立半脚尖，身体朝8点，双臂在旁斜上位平掌提腕；3—4拍右腿在前单膝跪地，双手落至旁斜下位，身体朝8点；5—6拍单膝跪地，双臂打开到头顶对腕；7—8拍单膝跪地，双臂落至旁按手。

［6—8］拍：重复［5—8］拍动作，做反面动作。

［7—8］拍：1—4拍两人一组分别面朝3、7点方向做前进小碎步前推手，上身低头含胸；5—8拍两人一组转身，背朝3、7点方向做后退小碎步后推手，上身抬头，下一点胸腰。

［8—8］拍：重复［7—8］拍动作，做反面动作。

（2）间奏连接动作。

［1—8］拍：两人一组面对面走步，右脚先出，双手旁按手，一拍一步。

［2—8］拍：两人一组面对面走步，转一圈。

［3—8］拍：两人一组走步慢慢转身，面朝1点。

［4—8］拍：两人一组原地走步，面朝1点。

（3）第二段。

［1—8］拍：1—2拍右手旁斜上位平掌提腕；3—4拍左手旁斜上位平掌提腕；5—8拍做加倾头的两个旁斜上位波浪手。

［2—8］拍：1—2拍右手先落至旁斜下位，左倾头；3—4拍左手落，右倾头；5—8拍做加倾头的两个旁斜下位波浪手。

［3—8］拍：1—2拍右手于胸前平掌，左倾头；3—4拍左手于胸前平掌，右倾头；5—8拍做两个胸前波浪手。

［4—8］拍：1—3拍一拍一次胸前波浪手，做三个，脚下小碎步向右移动；4拍左

脚斜前点地，支撑腿半蹲，双手于胸前，右倾头；5—7拍一拍一个波浪手，第一个波浪手在胸前，第二个波浪手在肩前，第三个波浪手双臂打开，脚下小碎步向左移动；8拍右脚斜前点地，支撑腿半蹲，双臂打开，左倾头。

［5—8］拍：1—4拍右转身向后，做向右移动的小碎步，右推手；5—8拍做向左移动的小碎步，左推手。

［6—8］拍：1—4拍右转身向前，做向右移动的小碎步，右推手；5—8拍做向左移动的小碎步，左推手。

［7—8］［8—8］拍：两人一组分别走步向两侧下。

注意要点

1. 手的动作：手的方位移动应准确到位。
2. 波浪手：注意手和腕部的发力。

教学示范

扫码获取教学示范视频及音频。

教学示范

示范图例

图 2-6-1

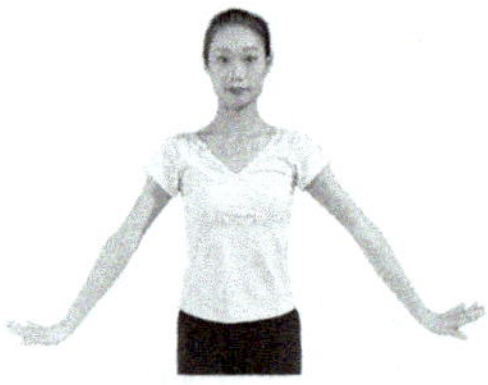
图 2-6-2

图 2-6-3

图 2-6-4

图 2-6-5

图 2-6-6

第七节　腰部练习组合《初夏雨后》

组合意义

1. 增强腰腹部肌肉力量。旁腰和胸腰动作主要涉及腰腹部的肌肉，通过动作训练，幼儿可以有效地强化腹直肌、腰肌和腹外斜肌等核心肌群，从而提升腰部的稳定性和力量，帮助保持正确的姿势和身体平衡。

2. 提升腰部柔韧性。通过旁腰和胸腰动作训练，幼儿可以提升腰部的柔韧性和伸展性，使腰部能够更自如地做出扭转、弯曲和伸展等动作。

3. 塑造优美的腰线和身体曲线。旁腰和胸腰动作训练可以帮助幼儿塑造出优美的腰线和身体曲线，使腰部的曲线更加流畅、优美，提升舞蹈表演的美感和艺术性。

4. 提高舞蹈表演技巧。腰部的控制和动作是舞蹈表演中重要的技巧之一。通过旁腰和胸腰动作训练，幼儿可以学习如何准确地控制腰部的力量，以及如何将腰部动作与其他身体部位的动作相协调，从而提高舞蹈表演的技巧和表现力。

学习目标

1. 提升腰部的柔韧性和动律性。

2. 以腰的局部训练扩展到躯干、上下肢配合的以腰部动律为核心的综合性脱把训练，强化培养腰部核心力量。

组合基本动作

1. 地面拧身腰部动作：右吸腿的同时向右拧身按掌（图2-7-1），绷脚伸坐向左下旁左手扶地右手托掌（图2-7-2）；绷脚伸坐双手旁点地，向后下胸腰（图2-7-3）。

2. 地面双吸腿翻绕腕提沉：4拍双手交叉手心向上双吸腿，吸气，提；4拍双手由里翻绕腕，手心向下落，吐气，沉，双腿由双吸慢慢伸直。

3. 后坐式旁腰：身体朝6点左腿前吸，右后腿微弯，向左下旁腰，左手扶地右手托掌。反面2点相同动作（图2-7-4）。

4. 后坐式后腰：身体朝6点左腿前吸，右后直腿，双手旁点地向后下腰（图2-7-5）。

5. 双跪式下腰：身体朝2点双跪式下后腰，双手扶脚腕部（图2-7-6）。

组合练习

1. 准备姿势：坐地双腿前放绷脚，双手在身体两侧指尖轻轻点地。

2. 准备音乐：（两个八拍）不做动作。

3. 主体动作：

［1—8］拍：右吸腿，同时向右拧身按掌。

［2—8］拍：左手经过前腰到右托掌下左旁腰，目视左下方。

［3—8］拍：左手托掌向后拉，同时双手点地，向后下胸腰。

［4—8］拍：1—4拍左托掌下右旁腰；5—8拍经前腰收回准备位。

［5—8］拍：做双吸腿翻绕腕提沉动作一次。

［6—8］拍：做双吸腿翻绕腕提沉动作一次，收回准备位。

［7—8］至［10—8］拍：重复［1—8］至［4—8］拍动作，做反面动作。

［11—8］拍：右手从下经上方落按掌，同时双腿打开到后坐式（面朝6点）。

［12—8］拍：左手落，右手拉开，经顺风旗下左旁腰，目视手运动的上弧线路线。

［13—8］拍：右手带至点地，下后腰。

［14—8］拍：双腿收至前伸腿。

［15—8］拍：左手从下经上方落按掌，同时双腿打开到后坐式（面朝2点）。

［16—8］拍：右手落，左手拉开，经顺风旗下右旁腰，目视手运动的上弧线路线。

［17—8］拍：左手带至点地，下后腰。

［18—8］拍：双腿收至双跪式，前俯身准备下腰。

［19—8］［20—8］拍：双跪式下腰，第二个八拍慢慢收。

［21—8］［22—8］拍：双跪式下腰，第二个八拍慢慢收。

［23—8］拍：1—4拍右手从下经上方落按掌，同时双腿打开到后坐式；5—8拍双吸腿收至准备位。

注意要点

1. 注意要突出大幅度动作和舞姿控制的练习；以躯干、腰部动作训练为重点。
2. 注意在动作中气息的运用，以及身韵动作和下腰技巧动作的结合运用。

教学示范

扫码获取教学示范视频及音频。

教学示范

示范图例

图2-7-1

图2-7-2

图2-7-3

图2-7-4

图2-7-5

图2-7-6

第八节　抬腿练习组合《有你最幸福》

组合意义

1. 提升腿部力量和灵活性。通过反复练习抬腿动作，幼儿可以逐渐增强腿部力量，并提升腿部的柔韧性和伸展能力。

2. 增强平衡能力和身体控制能力。抬腿练习组合要求在抬腿的同时保持身体的平衡和稳定。这有助于增强幼儿的平衡能力和身体控制能力，提升他们在舞蹈表演中的姿势控制能力和舞台表现力。

3. 塑造优美的舞姿和身体线条。通过反复练习抬腿动作，幼儿可以学习正确的身体姿势和动作表达，展现身体线条的流畅和优雅，从而增强舞蹈表演的美感和艺术性。

4. 提高舞蹈技巧和表现力。通过反复练习抬腿动作，幼儿可以提高腿部动作的准确性和流畅性，从而更好地传达舞蹈作品的主题和情感。

学习目标

1. 训练腰背肌。
2. 训练大腿和小腿的控制能力。

组合基本动作

1. 前抬腿：仰卧，双手打开至旁平位，手心向下，单腿前抬至90°，打开到旁，大腿内侧肌肉收紧，慢慢收回（图2-8-1）。

2. 旁抬腿：仰卧，双手在旁平位，手心向下，单腿旁起至90°，再抬到前90°，慢慢落下。

3. 双抬腿（前）：仰卧，双腿直膝绷脚抬至25°/45°/90°（图2-8-2至图2-8-4）。

4. 旁抬腿：侧卧，单腿直膝绷脚抬至25°/45°/90°（图2-8-5至图2-8-7）。

5. 后抬腿：俯卧，单腿直膝绷脚抬至45°（图2-8-8）。

6. 双后抬腿：俯卧，双腿直膝绷脚抬至45°（图2-8-9、图2-8-10）。

组合练习

1. 准备姿势：身体朝2点，绷脚双吸团身。

2. 准备音乐：（两个八拍。）

3. 准备动作：

[1—8]拍：不做动作。

[2—8]拍：双腿慢慢伸直，双手打开至仰卧。

4. 主体动作：

（1）第一段。

[1—8]拍：1—4拍右腿前抬至90°；5—8拍慢慢打开到旁，慢慢收回并腿。

[2—8]拍：1—4拍左腿前抬至90°；5—8拍慢慢打开到旁，慢慢收回并腿。

[3—8]拍：1—4拍右旁腿抬至旁90°；5—8拍慢慢打开到前腿90°，慢慢落下。

[4—8]拍：1—4拍左旁腿抬至旁90°；5—8拍慢慢打开到前腿90°，慢慢落下。

[5—8]拍：1—4拍仰卧，经绷脚双吸腿伸直至25°；5—8拍经绷脚双吸腿伸直至45°。

[6—8]拍：1—4拍仰卧，经绷脚双吸腿伸直至90°；5—8拍双腿慢慢直腿落下。

[7—8]拍：1—4拍绷脚直膝前双抬腿至90°；5—8拍双腿有控制地慢慢落下。

[8—8]拍：重复[7—8]拍动作。

（2）间奏连接动作。

[9—8]拍：前双吸腿，仰卧转朝1点侧卧。

[10—8]拍：侧卧，双吸腿慢慢伸直。

（3）第二段。

［1—8］拍：1—4拍右腿旁抬腿至25°，绷脚直膝慢慢落下；5—8拍右腿旁抬腿至45°，绷脚直膝慢慢落下。

［2—8］拍：1—4拍右腿旁抬腿至90°，绷脚直膝慢慢落下；5—8拍重复一次。

［3—8］拍：1—4拍侧卧朝5点，左腿旁抬腿至25°，绷脚直膝慢慢落下；5—8拍左腿旁抬腿至45°，绷脚直膝慢慢落下。

［4—8］拍：1—4拍左腿旁抬腿至90°，绷脚直膝慢慢落下；5—8拍重复一次。

［5—8］拍：俯卧，双臂在两边扶地面，1—4拍右后腿绷脚直膝抬至45°；5—8拍左后腿绷脚直膝抬至45°。

［6—8］拍：俯卧，1—4拍腰背肌收紧，双后抬腿一次再落下；5—8拍重复一次。

［7—8］拍：俯卧，双臂在两边扶地面，1—4拍右后腿绷脚直膝抬至45°；5—8拍左后腿绷脚直膝抬至45°。

［8—8］拍：俯卧加双臂向前伸直，腰背肌收紧，双后抬腿一次，控住不落。

（4）结束动作。

［1—8］拍：俯卧加双臂向前伸直，腰背肌收紧，双后抬腿一次，控住不落。

［2—8］拍：手臂和双腿慢慢落下，绷脚双小腿后抬，大腿不动，左手托脸部。

注意要点

1. 双抬腿：髋关节保持不动，用腹部核心力量发力，控制双腿慢慢落下、慢慢抬起。
2. 双后抬腿：在做双后抬腿时，注意腰背肌同时收紧。

教学示范

扫码获取教学示范视频及音频。

教学示范

示范图例

图2-8-1

图2-8-2

图2-8-3

图2-8-4

图2-8-5

图2-8-6

图2-8-7

图2-8-8

图2-8-9

图2-8-10

第九节　踢腿练习组合《嘻唰唰》

组合意义

1. 提升腿部力量和柔韧性。通过反复练习踢腿动作，幼儿可以增强腿部的力量，提高腿部的柔韧性和伸展能力。

2. 提升平衡能力和身体控制能力。踢腿练习有助于培养幼儿的平衡能力和身体控制能力，提高他们在舞蹈表演中的姿势控制力和舞台表现力。

3. 塑造精准的踢腿动作。踢腿练习组合可以帮助幼儿掌握精准的踢腿技巧，使踢腿动作更加准确、有力。

4. 增添舞蹈的动感和节奏感。踢腿动作通常与舞蹈音乐节奏相结合，呼应音乐的节奏和动感。这可以帮助幼儿更好地表达音乐，体现舞蹈的节奏感，提升整体舞台效果。

学习目标

1. 训练腿部肌肉的爆发力。
2. 训练腿部韧带以及髋关节的灵活性。

组合基本动作

1. 搬腿：绷脚伸坐，双手抱住脚腕前搬腿，后背直立（图2-9-1）。

2. 前踢腿：仰卧，双手打开至旁平位，手心向下，髋关节保持不动，绷脚前踢腿，注意前踢时，下面的主力腿要保持不动，腿部肌肉要发力（图2-9-2）。

3. 旁踢腿：侧卧，身体保持一条直线，髋关节保持不动，绷脚直腿踢旁腿（图2-9-3）。

4. 后踢腿：双跪坐，双手撑地，身体保持平衡，绷脚直腿踢后腿（图2-9-4）。

组合练习

1. 准备姿势：身体朝1点，绷脚伸坐，双手旁点地。

2. 准备音乐：（四个八拍。）

3. 准备动作：

[1—8]拍：1—2拍伸坐前压腿，双手碰脚尖，身体尽量贴于腿部；3—4拍身体直立，直膝绷脚伸坐，双手扩指，掌心向外在胸前；5—8拍双手扩指，向右画两次小的立圆，两拍一次（图2-9-5）。

[2—8]拍：1—2拍伸坐前压腿，双手碰脚尖，身体尽量贴于腿部；3—4拍身体直立，直膝绷脚伸坐，双手扩指，掌心向外在胸前；5—8拍双手扩指，向左画两次小的立圆，两拍一次。

[3—8]拍：1—4拍双手在旁平位摆臂两次，两拍一次；5—8拍胸前拍手四次。

[4—8]拍：重复[3—8]拍动作。

4. 主体动作：

（1）第一段。

[1—8]拍：1—2拍伸坐前压腿；3—4拍单膝右腿脚尖点地，双手握住右脚脚腕；

5—6拍伸坐前搬右腿；7—8拍落下至地面。

［2—8］拍：1—2拍伸坐前压腿；3—4拍单膝左腿脚尖点地，双手握住左脚脚腕；5—6拍伸坐前搬左腿；7—8拍落下至地面。

［3—8］拍：重复［1—8］拍动作。

［4—8］拍：双吸腿，绷脚碎点地，从1点转至2点。

（2）间奏连接动作。

［1—8］拍：前双吸腿，仰卧转朝1点侧卧。

［2—8］拍：侧卧，双吸腿慢慢伸直。

（3）第二段。

［1—8］拍：1—4拍右腿旁抬腿至25°，绷脚直膝慢慢落下；5—8拍右腿旁抬腿至45°，绷脚直膝慢慢落下。

［2—8］拍：1—4拍右腿旁抬腿至90°，绷脚直膝慢慢落下；5—8拍重复一次。

［3—8］拍：1—4拍侧卧朝5点，左腿旁抬腿至25°，绷脚直膝慢慢落下；5—8拍左腿旁抬腿至45°，绷脚直膝慢慢落下。

［4—8］拍：1—4拍左腿旁抬腿至90°，绷脚直膝慢慢落下；5—8拍重复一次。

［5—8］拍：俯卧，双臂在两边扶地面，1—4拍右后腿绷脚直膝抬至45°；5—8拍左后腿绷脚直膝抬至45°。

［6—8］拍：俯卧，1—4拍腰背肌收紧，双后抬腿一次再落下；5—8拍重复一次。

［7—8］拍：俯卧，双臂在两边扶地面，1—4拍右后腿绷脚直膝抬至45°；5—8拍左后腿绷脚直膝抬至45°。

［8—8］拍：俯卧，双臂向前伸直，腰背肌收紧，双后抬腿一次，控住不落。

（4）结束动作。

［1—8］拍：俯卧，双臂向前伸直，腰背肌收紧，双后抬腿一次，控住不落。

［2—8］拍：手臂和双腿慢慢落下，绷脚双小腿后抬，大腿不动，左手托脸部。

注意要点

1. 前踢腿：髋关节保持不动，主力腿保持绷脚直膝贴于地面，动力腿绷脚向上踢。
2. 后踢腿：后踢腿时需要腰背放平，同时双手与肩同宽，撑于地面。

教学示范

扫码获取教学示范视频及音频。

教学示范

示范图例

图2-9-1

图2-9-2

图2-9-3

图2-9-4

图2-9-5

第十节　方位练习组合《我的身体最神气》

组合意义

1. 提升身体认知和空间感知能力。方位练习可以帮助幼儿认识、辨别自己的身体部位，并提升空间感知能力，加强对上下左右方向的感知。

2. 提升动作协调性和控制能力。通过反复练习，幼儿可以提高动作的协调性和控制能力，使身体动作更加准确、流畅。

3. 激发想象力和表达能力。方位练习常常结合情景互动，这有助于激发幼儿的想象力和表达能力，让他们通过舞蹈来表达自己的情感和想法。

学习目标

1. 认识、辨别身体部位。
2. 强化空间感知能力。

组合基本动作

1. 抬踏步（原地）：正步位站立，一腿提膝抬至90°，全脚落地，踏地有力，重拍向下，双腿交替进行。

2. 抬踏步（移动）：抬踏步分别向前后左右移动。

3. 抬踏步（转体）：抬踏步转体一圈。

4. 旁踵步（移动）：一只腿直腿勾脚，脚跟点地向旁迈步；另一只腿半蹲（图2-10-1）。

5. 并脚跳（前、后、左、右）：右脚向前迈步，同时并左脚跳，双膝微弯，双手叉腰（图2-10-2）。

6. 手心、手背舞姿：右脚踏步，左脚斜前点地；左手叉腰，右手手心向上，前斜下位打开。反面相同（图2-10-3、图2-10-4）。

7. 上面、下面舞姿：双臂旁斜上位打开，正步位；双手指尖相对扶膝，双腿半蹲（图2-10-5、图2-10-6）。

8. 左转、右转：双手叉腰，双膝弯曲正步位；双手叉腰面向左、右（图2-10-7、图2-10-8）。

9. 微笑舞姿：左脚勾脚旁点地，右腿微弯；双手在脸颊两边（图2-10-9）。

10. 结束舞姿：面朝1点正步位半蹲，双手在前平位竖大拇指，身体微前倾（图2-10-10）。

组合练习

1. 准备动作：身体朝1点，手落于身体两侧，正步位准备。

2. 准备音乐：（一个八拍）不做动作。

3. 主体动作：

（1）第一段。

［1—8］拍：1—4拍前后摆手，原地抬踏步，左脚先出；5—8拍左脚半蹲，右脚直腿勾脚，脚跟落地，双手四指握拳，立大拇指，双臂打开到右旁，下右旁腰。

［2—8］拍：1—4拍右脚旁踵步，左脚并脚，同时左倾头，双臂收回至胸前；5—8拍重复一次。

［3—8］拍：1—4拍前后摆手，原地抬踏步，右脚先出；5—8拍右脚半蹲，左脚直腿勾脚，脚跟落地，双手四指握拳，立大拇指，双臂打开到左旁，下左旁腰。

［4—8］拍：1—4拍左脚旁踵步，右脚并脚，同时右倾头，双臂收回至胸前；5—8拍重复一次。

［5—8］拍：1—2拍右脚向2点迈步半蹲，左脚直腿勾脚，脚跟前点地，上身左手叉腰，右手手心朝上，在前斜下位打开；3—4拍左脚后退，右脚并脚，右手手背朝上点左肩，肘架平；5—7拍右、左、右拍手，一拍一次；8拍不动。

[6—8]拍：1—2拍右脚向前并脚跳；3—4拍右脚后退并脚跳；5—6拍右脚向右并脚跳；7—8拍左脚向左并脚跳。

[7—8]拍：1—2拍左脚向8点迈步半蹲，右脚直腿勾脚，脚跟前点地，上身右手叉腰，左手手心朝上，在前斜下位打开；3—4拍右脚后退，左脚并脚，左手手背朝上点右肩，肘架平；5—7拍右、左、右拍手，一拍一次；8拍不动。

[8—8]拍：1—2拍左脚向前并脚跳；3—4拍左脚后退并脚跳；5—6拍左脚向左并脚跳；7—8拍右脚向右并脚跳。

[9—8]拍：1—2拍正步位，双手在旁斜上位打开；3—4拍双手放于膝盖上，正步位蹲；5—8拍重复1—4拍动作。分两组，一组先做1—2拍动作，一组先做3—4拍动作。

[10—8]拍：1—4拍双手叉腰，小碎步向右移动，第4拍左脚朝2点直腿勾脚点地；5—8拍双手叉腰，小碎步向左移动，第8拍右脚朝8点直腿勾脚点地。

（2）第二段。

[1—8]拍：1—2拍正步位，双手在旁斜上位打开；3—4拍双手放于膝盖上，正步位蹲；5—8拍重复1—4拍动作。分两组，一组先做1—2拍动作，一组先做3—4拍动作。

[2—8]拍：1—4拍双手叉腰，小碎步向左移动，第4拍右脚朝2点直腿勾脚点地；5—8拍双手叉腰，小碎步向右移动，第8拍左脚朝8点直腿勾脚点地。

[3—8]拍：1—4拍一组向左抬踏步转一圈，双手点肩，肘架平，另一组做反面动作；5—8拍转身向后，背手。

[4—8]拍：双手叉腰，抬踏步向右转身朝1点。

[5—8]拍：1—4拍一组向左抬踏步转一圈，双手点肩，肘架平，另一组做反面动作；5—8拍转身向后，背手。

[6—8]拍：双手叉腰，抬踏步向右转身朝1点。

[7—8]拍：1—4拍前后摆手，抬踏步向前走；5—8拍两组分别向3、7点下场。

[8—8]拍：1—4拍前后摆手，抬踏步向后退；5—8拍两组分别向3、7点下场，结束。

注意要点

1. 抬踏步：做踏步动作时全脚踏地，重拍向下。
2. 抬踏步转：在转一圈的过程中，身体保持直立。

教学示范

扫码获取教学示范视频及音频。

教学示范

示范图例

图2-10-1

图2-10-2

图2-10-3

图2-10-4

图2-10-5

图2-10-6

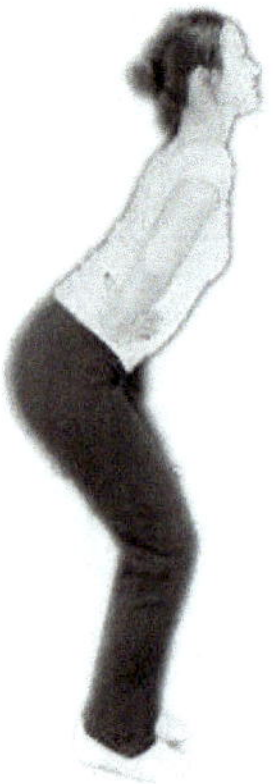

图2-10-7

图2-10-8

图2-10-9

图2-10-10

第十一节　中国古代行礼练习组合

组合意义

1. 传承礼仪文化。中国自古以来就是礼仪之邦，在舞蹈中展示古代行礼方式，能够展示中国古代的礼仪文化和行礼传统，让幼儿感受到古代礼仪文化的庄重和独特之处。

2. 表达尊重与敬意。行礼是一种表达尊重和敬意的行为。在舞蹈组合中展示中国古代行礼的动作，可以让幼儿通过身体语言传达对他人的尊重和敬意，以及对传统价值观的重视。这有助于引发幼儿对尊重和敬意的思考，并强调人与人之间的友好互动。

3. 维持和谐与平衡。中国古代行礼注重和谐与平衡的表达，幼儿在舞蹈组合中学习行礼动作，可以体会中国文化对和谐与平衡的追求，从而体悟内心的宁静与安定。

学习目标

1. 了解中国古代礼仪文化。

2. 学习中华民族传统美德，自觉践行讲文明、懂礼貌的行为，尊敬父母长辈。

组合基本动作

1. 叩首礼：又称跪拜礼，用于晚辈和下级对长辈和上级行礼。先跪左腿，次跪右腿，双手齐按地，顿首至地（图2–11–1）。

2. 素拜：右手在上、左手在下，与肩齐平，双膝跪地（图2–11–2）。

3. 天揖礼：又称上揖礼，俯身约60°（图2–11–3）。

4. 时揖礼：又称中揖礼，平辈之间的拱手礼，俯身约30°（图2–11–4）。

5. 万福礼（明）：双手握拳，右手上移，颔首屈膝，右拳轻碰左拳，左腿屈膝，右腿后踏（图2–11–5）。

组合练习

1. 准备姿势：面朝1点双腿跪坐，双手放于大腿上，指尖相对。

2. 准备音乐：（四个八拍）不做动作。

3. 主体动作：

[1—8]拍：双手慢慢从身体两侧打开至体前，于额头齐平，右手在左手上。

[2—8]拍：慢慢向前俯身，直至双手贴于地面，行叩首礼。

[3—8]拍：由双腿跪坐慢慢到双腿跪地。

［4—8］拍：双手打开至体前，右手在左手上，俯身约30°，行素拜礼。

［5—8］拍：由双腿跪地慢慢站起，双手从两侧打开至体前，不能高于额头。

［6—8］拍：右手在左手前，俯身约30°，行时揖礼。

［7—8］［8—8］拍：两人面对面，行时揖礼。

［9—8］拍：双手握拳，右手上移，颔首屈膝，右拳轻碰左拳，左腿屈膝，右腿后踏，行万福礼。

［10—8］拍：重复一次万福礼。

［11—8］拍：右脚向前一步，同时行天揖礼。

［12—8］拍：两人面对面，行时揖礼。

［13—8］拍：双腿跪地，双手打开至体前，右手在左手上，俯身约30°，行素拜礼。

［14—8］拍：双手慢慢从身体两侧打开至体前，于额头齐平，右手在左手上。慢慢向前附身直至双手贴于地面，行叩首礼。

注意要点

错步：做错步时，注意上身的舞姿。

教学示范

扫码获取教学示范视频及音频。

教学示范

示范图例

图2-11-1

图2-11-2

图2-11-3

图2-11-4

图2-11-5

第三章 中国民族民间舞蹈组合

第一节　热身组合《运动歌》

组合意义

1. 热身准备。《运动歌》作为热身舞蹈，可以让幼儿身体做好运动准备，增强身体的灵活性，加快血液循环，提高肌肉温度，让身体逐渐进入活跃状态。

2. 帮助肌肉拉伸与提升柔韧性。组合中的舞蹈动作可以帮助幼儿进行肌肉拉伸，提升身体的柔韧性，有助于预防运动伤害，减少肌肉疼痛，并提高幼儿的柔韧性。

3. 控制呼吸与掌握节奏。《运动歌》音乐明快，需要根据音乐节奏协调与控制动作。这有助于幼儿控制呼吸和掌握节奏，使动作与音乐更好地同步，提高对音乐的敏感度和表达力。

学习目标

1. 做好热身运动，让身体的各个关节部位活动开。
2. 让身体的肌肉有弹性，防止肌肉拉伤。

组合基本动作

1. 向后跳：如图3–1–1所示。
2. 左右转腰：如图3–1–2所示。
3. 右扭：如图3–1–3所示。
4. 踢前腿拍手：如图3–1–4和图3–1–5所示。
5. 向上跳：如图3–1–6所示。

组合练习

1. 准备姿势：正步位，面朝1点准备。

2. 准备动作：1 拍跺右脚；2 拍胸前拍手一次；3 拍右脚踏；4 拍左脚踏；5 拍胸前拍手一次。

3. 主体动作：

[1—8]拍：1—4拍双手屈肘摆臂，双脚交替原地踏步四次；5—8拍双脚向前小跑。

[2—8]拍：1—4拍双手屈肘摆臂，双脚交替原地踏步四次；5—8拍双手手指交叉相扣，手臂向前推，手臂推直，双脚向后蹦跳，两拍一次。

[3—8]拍：1—4拍双手屈肘摆臂，双脚交替原地踏步四次；5—8拍双脚分开站立，双手握拳于胸前，肘架平，上半身向右转腰两次。

[4—8]拍：1—4拍双手屈肘摆臂，双脚交替原地踏步四次；5—8拍右脚向旁迈步，双手叉腰，向右顶胯两次，两拍一次。

[5—8]拍：1—4拍双手在头部两侧抖手四次，双脚踏步四次；5—6拍踢右腿前跳，同时双手在腿下击掌一次；7—8拍踢左腿前跳，同时双手在腿下击掌一次。

[6—8]拍：1—4拍双手在旁斜向外打开，双脚向外打开；5—8拍重复1—4拍动作。

[7—8]拍：1—4拍双脚并拢，双手叉腰，头逆时针转一圈；5—8拍右脚向旁打开，双手叉腰，逆时针转胯一圈。

[8—8]拍：1—2拍双脚正步位半蹲，左手叉腰，右手伸直手臂，同时下左旁腰（图3-1-7）；3—4拍重复1—2拍动作，做反面动作（图3-1-8）；5—6拍胸前击掌两次；7—8拍双手在前平位竖大拇指，正步位屈膝。

[9—8]拍：1—4拍右脚勾脚，左脚半蹲，双手手指交叉相扣，转腰压腿两次（图3-1-9）；5—8拍左脚勾脚，右脚半蹲，双手手指交叉相扣，转腰压腿两次。

[10—8]拍：1—4拍踏步向右转一圈；5—8拍左手叉腰，右手握拳向上举三次，双脚向上跳三次（图3-1-10）。

[11—8]拍：1—4拍双手屈肘摆臂，双脚原地踏步；5—8拍右脚向右迈步打开，逆时针转胯一圈。

[12—8]拍：1—4拍双手屈肘摆臂，双脚原地踏步；5—6拍身体向右转蹦跳，同时双手轻拍臀部（图3-1-11）；7—8拍身体向左转蹦跳，同时双手轻拍臀部。

[13—8]拍：1—4拍双手屈肘摆臂，双脚原地踏步；5—8拍双手做深呼吸的动作。

[14—8]拍：1—4拍双手屈肘摆臂，双脚原地踏步；5—6拍胸前击掌两次；7—8拍双手在前平位竖大拇指，正步位屈膝（图3-1-12和图3-1-13）。

[15—8]拍：1—4拍双手在头部两侧抖手四次，双脚踏步四次；5—6拍踢左腿跳，同时左手碰腿一次（图3-1-14）；7—8拍踢右腿跳，同时右手碰腿一次。

[16—8]拍：1—4拍双手在旁斜向外打开，双脚向外打开；5—8拍重复1—4拍动作。

[17—8]拍：1—4拍双脚并拢，双手叉腰，头逆时针转一圈；5—8拍右脚向旁打开，双手叉腰，逆时针转胯一圈。

［18—8］拍：1—2拍双脚正步位半蹲，左手叉腰，右手伸直手臂，同时下左旁腰；3—4拍重复1—2拍动作，做反面动作；5—6拍胸前击掌两次；7—8拍双手在前平位竖大拇指，正步位屈膝。

注意要点

1. 踢前腿拍手：做该动作时，注意依照个人的韧带开度适当调整动作及踢腿的高度。
2. 深呼吸：做该动作时，要配合身体吸气及吐气 。

教学示范

扫码获取教学示范视频及音频。

教学示范

示范图例

图3-1-1

图3-1-2

图3-1-3

图3-1-4

图3-1-5

图3-1-6

图3-1-7

图3-1-8

图3-1-9

图3-1-10

图3-1-11

图3-1-12

图3-1-13

图3-1-14

第二节 傣族舞基本手姿练习组合

★ 傣族舞概述

傣族舞蹈艺术发轫于云南西南部傣族聚居区，其历史可追溯至古滇国时期。据《百夷传》《云南志略》等文献记载，傣族先民将舞蹈作为族群记忆的活态载体，运用于祭祀祈雨、驱邪纳吉等宗教仪式，承载着婚丧嫁娶、节庆丰收等生活仪轨。傣族舞蹈动作婀娜多姿，节奏较平缓，但充满内在力量。傣族舞蹈形式多样，大体上可以分为自娱性舞蹈、表演性舞蹈和祭祀性舞蹈三大类。

傣族舞蹈具有以下三大特色：第一，柔美的膝部起伏和灵活的小腿动作，展现出傣族舞蹈的轻盈和灵动；第二，手上动作变化轻盈而灵敏，“三道弯”造型小巧玲珑，使舞蹈更加细腻和生动；第三，通过曲线塑造造型感，使舞蹈具有神秘而浓厚的民族氛围和极高的文化品位。

在傣族舞蹈领域，有许多杰出的舞蹈家为傣族舞蹈的传承和发展作出了重要贡献。其中，杨丽萍和刀美兰是两位著名的傣族舞蹈家。她们通过精湛的技艺和深厚的艺术造诣，将傣族舞蹈的魅力展现给世界，为傣族文化的传播和推广作出了杰出的贡献。代表性作品有传统剧目《召树屯与楠木诺娜》《雀之灵》《水》等。

学习目标

1. 初步了解并掌握傣族舞的基本手型和手位。
2. 运用手部动作来表现孔雀的不同姿态，完成手姿练习组合。

组合基本动作

1. 掌型：大拇指向内收，虎口张开，其余四指与掌心呈展开形态（图3-2-1）。
2. 提腕掌：在掌型的基础上将腕部向上提起（图3-2-2）。
3. 横立掌：在掌型的基础上将手心向前，同时向上侧提手腕（图3-2-3）。
4. 摊掌：在掌型的基础上指尖向下，掌心向上摊开（图3-2-4）。
5. 曲掌：四指并拢向掌心收，握空心拳，大拇指伸直，同时虎口打开（图3-2-5）。
6. 准备位：在掌型的基础上双臂指尖向内相对，并放于胯前，微微靠拢（图3-2-6）。
7. 一位手位：双臂在胯前的位置，手腕相对做提腕掌，同时肩、肘、腕部呈现“三道弯”的形态（图3-2-7）。
8. 二位手位：双臂在一位手位的基础上抬至胸前的位置（图3-2-8）。
9. 三位手位：双臂在一位手位的基础上抬至头顶斜上方（图3-2-9）。
10. 四位手位：在三位手位的基础上将左/右臂下落至胸前位置，另一只手臂保持不动（图3-2-10）。

11. 五位手位：在三位手位的基础上将左/右臂向旁打开至旁平位，同时腕部平放呈掌型，另一只手臂保持不动（图3-2-11）。

12. 六位手位：在五位手位的基础上将另一只三位手位的手臂下落至胸前位（图3-2-12）。

13. 七位手位：在六位手位的基础上把胸前的手臂打开至旁平位，同时平放腕部，肩、肘、腕部呈现“三道弯”的形态（图3-2-13）。

组合练习

1. 准备姿势：双膝跪坐准备，双臂准备位。

2. 主体动作：

［1—8］拍：1—4拍手心朝上，经过曲掌手型到一位手位的位置；5—8拍保持手位不动，抬臀由跪坐到跪起一次。

［2—8］拍：1—4拍手心朝上，经过曲掌手型到二位手位的位置；5—8拍保持手位不动，抬臀由跪坐到跪起一次。

［3—8］拍：1—4拍手心朝上，经过曲掌手型到三位手位的位置；5—8拍保持手位不动，抬臀由跪坐到跪起一次。

［4—8］拍：1—4拍右手直接落到胸前的位置，成四位手位；5—8拍保持手位不动，抬臀由跪坐到跪起一次。

［5—8］拍：1—4拍右手向旁打开，同时腕部下压成五位手位；5—8拍保持手位不动，抬臀由跪坐到跪起一次。

［6—8］拍：1—4拍左手直接落到胸前的位置，右手不动，成六位手位；5—8拍保持手位不动，抬臀由跪坐到跪起一次。

［7—8］拍：1—4拍左手向旁打开，同时腕部下压成七位手位；5—8拍保持手位不动，抬臀由跪坐到跪起一次。

［8—8］拍：1—4拍在七位手位的位置上腕部提起做提腕掌；5—6拍在七位手位的位置上从提腕掌到横立掌；7—8拍指尖向内画圆，收至准备位。

注意要点

1. 从曲掌到各手位的过程中，注意上身姿态和呼吸，视线从内收到外放，配合呼吸。
2. 掌握傣族舞“三道弯”造型体现在手臂上的曲线美，动作和节奏的韵律相配合。

教学示范

扫码获取教学示范视频及音频。

教学示范

示范图例

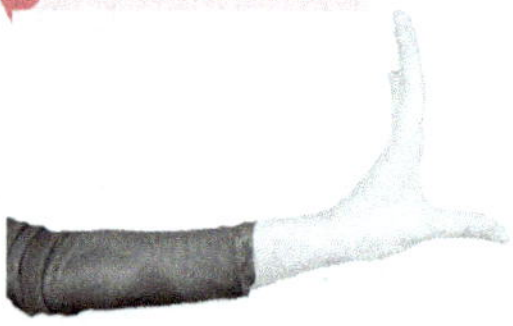
图 3-2-1

图 3-2-2

图 3-2-3

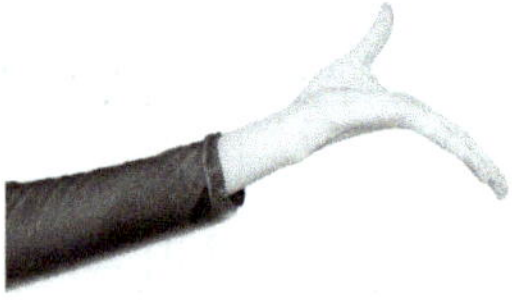
图 3-2-4

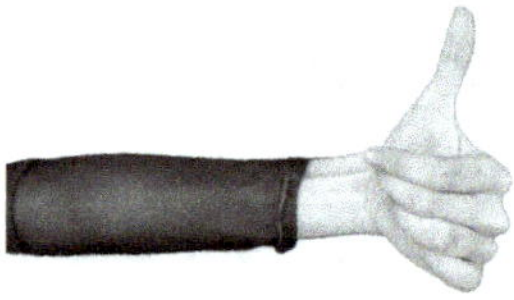
图 3-2-5

图 3-2-6

图 3-2-7

图 3-2-8

图 3-2-9

图 3-2-10

图 3-2-11

图3-2-12

图3-2-13

第三节　傣族舞动律和步伐练习组合

学习目标

1. 初步了解并掌握傣族舞的手姿和步伐，准确、熟练地掌握基本姿态及动律。

2. 运用手部动作和身体形态来表现孔雀的不同姿态，丰富肢体语言，提高对舞蹈的学习兴趣。

3. 了解中国少数民族的舞蹈文化，培养对中国民间舞蹈文化的热爱之情。

组合基本动作

1. 起伏动律：双膝在屈和伸的过程中，注意慢慢屈和伸的膝盖节奏。

2. 勾踢步：小腿向后勾脚，膝盖的伸和屈配合腿的踢起和落下；原地勾踢步时，配合胯部下弧线的动律；向前、向后走时，上身微微前倾，向前落前点地，向后落后踏步。

3. 丁字勾踢步：分别向2、8点走勾踢步，向旁迈步时，配合胯部下弧线的动律慢慢移动重心；身体随动，视线经1点分别看向2、8点。

4. 四位手位前点步：双膝屈时双臂曲掌，上身微微含胸低头，先做右脚前点步，左手到四位手位，然后做反面动作。

组合练习

1. 准备动作：自第二乐句起从台右方出，脚下小碎步，上身双手在右胯前提裙，侧身出场。

2. 主体动作：

［1—8］拍：1—4拍两拍屈两拍伸；5—8拍重复一次。

［2—8］拍：1—2拍一拍屈一拍伸；3—4拍慢慢屈；5—8拍重复一次。

［3—8］拍：重复［1—8］拍动作。

［4—8］拍：重复［2—8］拍动作。

［5—8］拍：从右脚开始原地勾踢步，做基本动作起伏动律的前半部分。

［6—8］拍：勾踢步，做基本动作起伏动律的后半部分，分别向前、向后做。

［7—8］拍：丁字勾踢步，朝2点方向走。

［8—8］拍：丁字勾踢步，朝8点方向走。

［9—8］拍：1—4拍原地勾踢步，配合膝盖的屈伸做曲掌，到二位手位；5—8拍原地勾踢步，配合膝盖的屈伸做曲掌，到三位手位。

［10—8］拍：做四位手位前点步，四拍一次，共两次。

［11—8］拍：丁字勾踢步，朝2点方向走，配合手部在胯前曲掌前推和掌式手后拉。

［12—8］拍：1—4拍双手提裙，小跳步抬脚左、右各一次（两拍一次）；5—8拍向左转身，面朝5点方向再做两次。

［13—8］拍：1—2拍脚下小跳步，抬脚的同时双手朝4点方向做掌式手型，指尖带动向下、向前，带动到左旁一位，右旁打开；3—4拍朝6点方向做重复动作；5—8拍向右转身，朝8、2点方向做重复动作。

［14—8］拍：1—2拍左手下穿至左旁一位，右手上穿至右旁七位；3—4拍不动；5—8拍保持舞姿，右脚在1、8、6、3点的位置点转。

［15—10］拍：1—2拍右手经体前下穿，左手经体前上穿到右三位，左手提至右胯前，双臂画一个圆，脚下右脚向旁上一小步，重心在右脚，左脚旁点；3—4拍不动；5—10拍上左脚，右手转半圈，右手上穿，左手提至体后侧，舞姿停住，目视2点。

注意要点

1. 注意上身呼吸、膝盖的屈伸，以及视线与组合动作协调配合。

2. 掌握傣族舞“三道弯”造型体现在手臂、臀部、腰部上的曲线美，动作和节奏与韵律相配合。

3. 练习组合动作时，注意肢体节奏、动作方向、内心情感与音乐配合的连贯性、协调性和优美性。

教学示范

扫码获取教学示范视频及音频。

教学示范

第四节　东北秧歌手巾花练习组合

★ 东北秧歌概述

秧歌是将舞蹈、歌唱、器乐等融合在一起的载歌载舞的民间艺术。秧歌起源于插秧耕田的劳动生活，与古代祭祀农神、祈求丰收和祈福禳灾时所唱的颂歌、禳歌有关。在发展过程中，它不断吸收农歌、英歌、民间武术、杂技、戏曲的技艺与形式，逐渐形成了独特的舞蹈艺术。秧歌形成于我国中原地区，后传至东北地区，与东北人民的热情性格相结合，这进一步促进了秧歌的发展。

东北秧歌的风格特色可概括为“稳中浪”，具有泼辣火热、质朴浓烈的情感特征，舞蹈中的“艮劲儿”“美劲儿”为这一舞种增色不少。“浪”体现在身上的动律，而“艮”则表现在踢步的“出急落稳”中。踢步的节奏感特别强，充分展现了秧歌独特的动律风格。此外，东北秧歌还融合了“稳”“梗”“翘”等风格特点，展现出东北人民热情质朴、刚柔并济的性格特征。

东北秧歌主要分为地秧歌、高跷秧歌和二人转三种形式。地秧歌不受表演场地和群众年龄的限制，随时随地都可以舞动；高跷秧歌最具代表性，表演者脚上踩着长跷，穿着夸张的长腿裤子，舞动起来生动有趣；二人转则在秧歌的基础上，增加了舞蹈、身段、走场等，形成走唱类曲艺。

踢步是秧歌中最具特色的动作之一。此外，手巾花、扇子舞等，都是秧歌表演中不可或缺的元素。

学习目标

1. 学习持巾手法以及绕花动作，掌握东北秧歌手巾花的常用类型。

2. 感受手巾花在手与腕部之间舞动的各种形态，感受东北秧歌热烈、欢快、富有幽默感的情感特点。

组合基本动作

1. 双叉腰：准备位，双手捏巾，手腕放在两侧的腰上，重心微微前倾，下巴内含，叉腰双臂的肘尖向前（图3–4–1）。

2. 单臂绕花：手半握巾（三分之一），食指微微伸直，在做绕花动作时，食指带动手巾花，经过腕部绕动，把手巾花的八个角缠绕在手背上。在体前和体旁各做一次。

3. 蝴蝶花：双手交叉在体前绕花，双臂下落，向身体两侧打开绕花。

4. 交替花（小、大）：小交替花——先右手后左手在体前做绕花动作，双臂在体前交替画圆；大交替花——双臂在头顶上方的位置绕花、交替画圆。

5. 双臂花：双臂在右、左斜下方做绕花动作各一次；双臂打开，在侧身旁2、8点方向做绕花动作各一次；左、右分别做过头绕花动作一次。

6. 片花（外）：手握全巾，用腕部带动手巾花，从里向外绕花，da拍上完成片花动作，让手巾花的八个角全部在手里外连贯地转动。

7. 顶转花：转动手巾的同时将食指伸出，顶在手巾里圈内连贯地顶转。

组合练习

主体动作：

（1）第一段。

［1—8］拍：1—4拍双臂自然垂于身体两侧；5—8拍双手交叉，经绕花到双手叉腰准备。

［1—8］拍：1—4拍右手体前单臂花一次；5—8拍右手体前单臂花两次，两拍一次。

［2—8］拍：1—4拍右手体旁单臂花一次；5—8拍右手体旁单臂花两次，两拍一次。

［3—8］拍：1—4拍左手体前单臂花一次；5—8拍左手体前单臂花两次，两拍一次。

［4—8］拍：1—4拍左手体旁单臂花一次；5—8拍左手体旁单臂花两次，两拍一次。

［5—8］拍：做一遍蝴蝶花，四拍胸前交叉绕花，四拍体旁打开绕花。

［6—8］拍：做两遍蝴蝶花，四拍胸前交叉绕花，两拍体旁打开绕花。

［7—8］拍：重复［5—8］拍动作。

［8—8］拍：重复［6—8］拍动作。

（2）第二段。

［1—8］拍：（鼓点）1—4拍双臂自然垂于身体两侧；5—8拍双手交叉，经绕花到双手叉腰准备。

［2—8］拍：做胸前小交替花两次。

［3—8］拍：做大交替花两次。

［4—8］拍：1—4拍小交替花一次；5—8拍大交替花一次。

［5—8］拍：1—4拍小交替花一次；5—8拍大交替花一次。

［6—8］拍：1—4拍右、左斜下方双臂花；5—8拍侧身打开旁双臂花。

［7—8］拍：1—4拍右、左斜下方双臂花；5—8拍侧身打开旁双臂花。

［8—8］拍：1—4拍右、左斜下方双臂花；5—8拍侧身打开旁绕头双臂花。

［9—8］拍：1—4拍右、左斜下方双臂花；5—8拍侧身打开旁绕头双臂花。

（3）第三段。

［1—8］拍：（鼓点）1—4拍双臂自然垂于身体两侧；5—8拍双手交叉，经绕花到双叉腰准备。

［2—8］拍：做体前斜下方里片花，一拍一次，共八次。

［3—8］拍：做体旁的斜下方里片花，一拍一次，共八次。

［4—8］拍：做体旁的旁平位里片花，一拍一次，共八次。

［5—8］拍：做旁斜上方里片花，一拍一次，共八次。

[6—8] 拍：踏步，右手顶转花，结束。

注意要点

1. 注意绕花动作以食指带腕到快绕后压腕翘指，da拍上完成绕的动作，切忌手肘主动用力。

2. 注意绕花动作与上身动律准确配合，手巾花与各个舞姿协调配合。

教学示范

扫码获取教学示范视频及音频。

教学示范

示范图例

图3-4-1

第五节　东北秧歌动律和步伐练习组合

学习目标

1. 通过东北秧歌了解中国东北地区的民间文化，培养对中国民间舞蹈文化的热爱之情。

2. 掌握东北秧歌基本动律的动作，提高舞蹈表现力和情感表达能力。

3. 培养对舞蹈与音乐的感知和欣赏能力，根据不同的音乐创编不同的舞蹈动作，提高自主学习能力和创造力。

组合基本动作

1. 顿步走场：面朝7点在侧台准备（左手腋下夹巾，右手垂于体旁）；1—4拍右手在体侧前后小幅度地甩巾，脚下从左脚开始做四步顿步动作（顿步先落脚后跟再落脚尖，膝盖带动小腿再到脚，有一种顿挫感和向下踩的感觉）；5—6拍左右脚并步；7—8拍右手在身侧从前划到上方绕花打开到旁，同时上半身半转向1点，左脚往旁后落，踏步蹲。

2. 肩前花绕圆动律：右、左手从旁起到上方绕花，落在肩前的位置，脚下配合左、右前踢步（膝盖从屈到伸，伸的同时小腿和脚快速向前踢出收回）；并脚压脚，同时上身做右起画圆动律（由旁肋骨带动上身向前画半圆，头部自然随动）。

3. 片花横移步：八拍左脚左前点，主力腿微蹲准备；小碎步往左旁横移半脚掌，双手从右斜下方做片花，到左斜下方。八拍落右脚右前点，做反面动作（视线和头部随手臂而动）。

4. 交替绕花走场步：做小交替花，向后走半圆路线，膝盖微屈，从左脚开始一拍一步；左手叉腰，右手在胯前做半翻巾到手腕上，再横拉到右斜下做甩巾接绕花动作，脚下配合前踢步。

5. 双臂花双颤十字步：上身从左起做左、右双臂花动作；双颤时，由膝盖带动脚后跟，重拍向下颤动接后踢步，脚下做原地双颤一次，双颤接右后踢步一次，脚下做原地双颤一次，双颤接左后踢步一次；脚下左起做左右十字步，再配合上身的双臂花。

6. 顶转花圆场步：先做一遍顶转花，右后踏步一次；再做一遍，左圆场步一圈，7拍抛上顶转花，8拍抓住，双臂向右腋下甩掖巾，旁迈右脚，左脚勾脚直腿点地，上半身向左下旁腰，同时右倾头部。

组合练习

1. 准备姿势：［1—8］［2—8］拍左手夹巾，右手垂体旁，面朝7点站成一排，在台后准备。

2. 主体动作：

［1—8］拍：1—6拍右手前后甩巾，迈右脚做顿步走场；7—8拍撤左脚成踏步，右手绕花，经上绕旁。

［2—8］拍：重复［1—8］拍动作。

［3—8］［4—8］拍：分两组，A组绕花，双手打开到旁，踏步慢慢蹲下；B组绕A组转身一圈。

［5—8］拍：顿步，前后甩巾向前走，8拍撤右脚，身体向左后靠。

［6—8］拍：重复［5—8］拍动作。

［7—8］拍：1—4拍上左脚成正步位，同时右手前，左手旁向前甩巾到右腋下，身体转左侧；5—8拍原地压脚跟四次，一拍一次。

［8—8］拍：重复［7—8］拍动作。

［9—8］拍：面朝2点做肩前花绕圆动律一次。

［10—8］拍：面朝8点重复［9—8］拍动作。

［11—8］拍：脚下横移步，向右双手片花，左起经体前落右。

［12—8］拍：脚下横移步，向左双手片花，右起经体前落左。

［13—8］拍：交替绕花走场步，从左边绕圆一圈。

［14—8］拍：1—4拍外翻花绕花，左右脚前踢步；5—8拍重复一次，共两次。

［15—8］拍：双臂花双颤十字步一次。

［16—8］拍：双臂花双颤十字步一次。

［17—8］拍：绕头双臂花十字步一次。

［18—8］拍：绕头双臂花十字步一次

［19—8］拍：原地顶转花踏步一次。

［20—8］拍：A组不动，B组绕A组做转圈顶转花；7拍抛上顶转花，8拍抓住，双臂向右腋下甩掖巾，旁迈右脚，左脚勾脚直腿点地，上半身向左下旁腰，同时右倾头部。

注意要点

1. 注意手巾花与肢体动作的准确配合，通过手臂和步伐体现慢做快收的节奏特点。

2. 脚下做顿步注意顿挫感；前踢步注意要快出快回；后踢步配合膝盖颤动，重拍向下，快踢快收。

3. 练习组合动作时做到“稳中艮”“稳中浪”“稳中俏”，表现东北人热情质朴、刚柔并济的特征。

教学示范

扫码获取教学示范视频及音频。

教学示范

第六节　藏族舞颤动律练习组合

★ 藏族舞概述

藏族是中华民族的重要一员，有着悠久的历史和古老的文化。藏族主要聚居在西藏自治区、青海省、甘肃省、四川省，以及云南省部分地区。

藏族舞蹈的起源与藏族社会生活密切相关。一种说法认为，藏族舞蹈起源于古代的祭祀活动，人们通过舞蹈来表达对神灵的敬畏和感激之情；另一种说法认为，藏族舞蹈起源于古代的农耕生产和狩猎活动，人们通过舞蹈来表达对大自然的敬畏和赞美之情。

藏族舞蹈的风格特色独具魅力。其动作以壮美庄重为主要特点，舞姿和舞步通常短小精悍，富有力量感，通过夸张的肢体动作，如跳跃、转身、屈膝等，展现出活力和激情。同时，藏族舞蹈注重身体的起伏和节奏感，以起伏的体态和旋转的动作来传达舞蹈的韵律感。此外，藏族舞蹈还融合了手部动作、眼神表情和唱腔等多种艺术元素，使表演更加生动鲜活。

藏族舞蹈的主要类型包括谐、卓等。谐是流传在藏族民间的集体歌舞形式，多出现在节庆、婚嫁、集会等场合，包括果谐、堆谐、和谐等。卓是以表演各类圆圈“鼓舞”为主的舞蹈形式，融入了原始拟兽舞的元素。此外，还有弦子、热巴卓等具有特色的舞蹈类型。

学习目标

1. 初步了解藏族的风土人情、文化背景和生活习俗。
2. 掌握藏族舞蹈基本动律的动作，提高舞蹈表现力和情感表达能力。
3. 把握形态、神态、心态的要点，能展现藏族舞蹈的典型风格、动作特点。

组合基本动作

1. 基本体态：双手的掌根部轻放在胯部两边，重心前倾，下巴微收，双脚正步位，脚尖微微打开（图3-6-1、图3-6-2）。

2. 颤膝动律：上半身微微前倾，脚尖稍打开，双脚正步位站立，膝盖放松，重拍向下有节奏地颤动。

3. 双脚冈嗒：双脚在准备位时，双脚的前脚掌微微抬起，在正拍上向下踏，两拍一次，始终保持颤膝的动律动作。

4. 单脚冈嗒：双脚在准备位时，单脚的前脚掌微微抬起，分别在正拍上向下踏，两拍一次，始终保持颤膝的动律动作。

5. 退踏步：右脚往后踏并移动重心，da拍重心回踏在左脚上，右脚再向前踏出；

双臂在身体两侧前后自然摆动，始终保持颤膝的动律动作。

6. 碎踏步：从右脚开始，双脚交替踏在地面上，双臂从旁斜下起在体前交叉，再向下自然打开，配合脚下动作，始终保持颤膝的动律动作。

组合练习

1. 准备姿势：[1—8]拍保持体态，正步位站姿准备。

2. 主体动作：

[1—8]拍：原地脚位做颤膝动律动作，颤膝一拍两次。

[2—8]拍：重复[1—8]拍动作。

[3—8]拍：双脚冈嗒，两拍一次，共四次。

[4—8]拍：重复[3—8]拍动作。

[5—8]拍：单脚冈嗒（从右脚先开始），两拍一次，共四次。

[6—8]拍：重复[5—8]拍动作。

[7—8]拍：原地退踏步，两拍一次，共四次。

[8—8]拍：退踏步，朝7、5、3、1点四个方向各做一次退踏步。

[9—8][10—8]拍：原地碎踏步，四拍一次，共四次。

注意要点

1. 颤膝要求膝盖动作小而快，松弛而富有弹性，重拍向下，持续颤动。
2. 做脚下的踏步动作时，膝盖要始终保持颤膝的动律动作。
3. 上身柔软，头部和手臂较松弛，附随而动，整体呈现自如悠然的状态。

教学示范

扫码获取教学示范视频及音频。

教学示范

示范图例

图 3-6-1

图 3-6-2

第七节　藏族舞踢踏步练习组合

学习目标

1. 初步了解藏族的风土人情、文化背景和生活习俗。
2. 掌握藏族舞蹈基本动律的动作，提高舞蹈表现力和情感表达能力。
3. 把握形态、神态、心态的要点，能展现藏族舞蹈的典型风格、动作特点。

组合基本动作

1. 第二基本步：右脚单脚冈嗒，同时抬左脚，然后左、右、左脚依次踏步，向左移动；双膝半屈，同时踏右脚，右、左、右脚依次踏步，向右移动。手臂分别在身体两侧画半圆，配合脚下的步伐。始终保持颤膝的动律动作。

2. 吸颤步：右脚半脚掌着地，左脚吸在右脚旁，然后左、右、左脚依次碎踏步；左脚半脚掌着地，左脚吸在右脚旁，然后右、左、右脚依次碎踏步。始终保持颤膝的动律动作。

3. 滴答步：丁字步位准备，面朝2点，正拍上右脚单脚冈嗒，弱拍上左脚踏步，配合膝部重拍向下颤动；双臂从旁斜下起手，体前交叉，再向前自然打开手臂。

4. 第三基本步：1拍右丁字步位，身体朝8点，左脚开始，正拍做单脚冈嗒，da弱拍左脚向下踏，2da拍做第二次，一共做两次，同时上身随左边微倾，手臂先从右臂开始做一次顿肘向下的动作；中间换脚时，直接从第二次的3拍开始，朝2点直接换左脚，正拍做单脚冈嗒，da弱拍右脚向下踏，2da拍做第二次，同时上身随右边微倾，手臂先从左臂开始做一次顿肘向下的动作，左、右两边各做两次；5—6拍踏右脚两次；7—8拍做一次右脚退踏步，结束。

组合练习

1. 准备动作：[1—8][2—8]拍排为一横排，从台左、右后方出场，脚下碎踏步，上身交叉摆手。

2. 主体动作：

[1—8]拍：原地脚位做颤膝动律动作，颤膝一拍两次。

[2—8]拍：双脚冈嗒，两拍一次，共四次。

[3—8]拍：重复[1—8]拍动作。

[4—8]拍：单脚冈嗒（从右脚开始），一拍两次，共十六次。

[5—8]拍：退踏步，两拍一次，共四次。

[6—8]拍：退踏步，两拍一次，共四次，加上7、5、8、1点四个方向的变化。

[7—8][8—8]拍：第二基本步，四拍一次，共四次。

[9—8][10—8]拍：吸颤步，四拍一次，共四次，并向左边转一圈，回到中间。

[11—8]拍：滴答步，原地动作接双手斜下摊手，面朝4点。

[12—8]拍：滴答步，转圈动作接退踏步（踏前）。

[13—8]拍：重复[5—8]拍动作。

[14—8]拍：重复[6—8]拍动作。

[15—8][16—8]拍：重复[7—8][8—8]拍动作。

[17—8][18—8]拍：第三基本步后做踏右脚两次，接退踏步一次，共两次。

[19—8]拍：重复[11—8]拍动作。

[20—8]拍：滴答步，转一圈接退踏步（踏前），结束。

注意要点

1. 颤膝要求膝盖动作小而快，松弛而富有弹性，重拍向下，持续颤动。

2. 做脚下的踏步动作时，膝盖要始终保持颤膝的动律动作。

3. 练习组合动作时，始终保持手臂舒展、手势协调。在动作中展现手臂线条的舒展自然，展现出藏族舞蹈优美灵动的姿态。

教学示范

扫码获取教学示范视频及音频。

教学示范

第八节　蒙古族舞体态动律练习组合

★ 蒙古舞概述

蒙古族的舞蹈深受其狩猎、游牧生活的影响。从新石器时代和青铜时代的阴山岩画、乌兰察布岩画中，可以看到蒙古族祖先的原始舞蹈形态。古代蒙古族舞蹈中，有许多模仿凶猛动物的舞蹈，如“白海青”（白鹰）舞、熊舞、狮子舞和鹿舞等，这些舞蹈大多已失传，但在萨满舞中仍有所体现。至今保留的有筷子舞、马刀舞、驯马舞、盅碗舞、安代舞、挤奶舞、鹰舞等。

蒙古族舞蹈以其热情奔放、节奏感强和刚柔并济的风格特点而著称。蒙古族人民热情好客、性格豪爽，这些性格特点在舞蹈中得到了充分体现。蒙古族舞蹈动作干净利落，充满力量感，同时又不失柔美，揉臂、揉肩等温柔的动作与刚劲有力的舞姿相结合，形成了独特的舞蹈风格。

盅碗舞多为女性独舞，具有典雅、含蓄之美；筷子舞则多由男性表演，以肩部动作活泼欢快为特点；安代舞是蒙古族人民用于表达欢乐情感的舞蹈。

蒙古族舞蹈的代表作品丰富，其中有许多具有浓郁生活气息和时代特色的作品，如《牧马舞》《马刀舞》《雁舞》《剪羊毛》《挤奶员》《牧民的喜悦》等。代表性舞蹈家有贾作光、吴晓邦、宝音巴图、郭肖峰、斯琴塔日哈等。

学习目标

1. 初步了解蒙古族舞蹈的基本风格、动作特点。
2. 培养舞蹈表现力和观察模仿能力。
3. 增强热爱中国少数民族文化的情感。

组合基本动作

1. 踏步双叉腰：准备位，主力腿为左腿，右脚踏在主力腿后；双手大拇指打开，其余四指握空心拳，虎口张开，夹放在腰上；注意上半身肩胸敞开，颈部拉长，肩往下沉，保持提胯立腰拔背的站立体态（图3-8-1）。

2. 踏步体前手位：右脚在前的踏步位，双手五指平伸，直臂向体前斜下提腕，注意保持提胯立腰拔背的站立体态（图3-8-2）。

3. 踏步旁斜下手位：左脚在前的踏步位，双手五指平伸，直臂向体旁斜下提腕，注意保持提胯立腰拔背的站立体态（图3-8-3）。

4. 踏步平开手位：右脚在前的踏步位，双手五指平伸，直臂向旁平位打开并提腕，注意保持提胯立腰拔背的站立体态（图3-8-4）。

5. 前点步斜上手位：右脚在前，前脚掌点地，膝盖微打开，重心在后左腿上；上半身微微后靠，双臂直臂在斜上位打开并提腕，注意后背保持直立后靠（图3-8-5）。

6. 小八字位胸前手位：双脚小八字位，双臂大臂打开，小臂在胸前位，双手平掌手型，微微提腕（图3-8-6）。

7. 踏步斜上铲手：面朝2点，右脚在前的踏步位，双臂手指尖从斜下铲手到后斜上手位，注意向前抬胸腰，视线看向斜上方（图3-8-7）。

8. 基本体态：左脚踏步向2点，双臂在旁前斜下位，臂部保持向内，指尖朝里，上半身打开转至8点，视线看向8点斜上方（图3-8-8）。

9. 硬肩、揉肩：在基本站姿的基础上，硬肩是右肩和左肩交替有力地向前拧动，动作要硬；揉肩是双肩慢慢地、柔软地交替向前拧动，手腕和手肘放松，前后配合。

10. 硬腕：又称“提压腕”，手掌与手腕处于平掌的姿态时，以上提与下压的手腕动作进行手臂舞动，动作要求脆与韧交替结合。

11. 软手：由手掌的掌根部到手心再到手指尖，一节节地做波浪的手部动作。

12. 揉臂：由肩依次带动大臂、肘、小臂、腕、手进行波浪运动，动作一定要柔美连贯地进行。

组合练习

1. 准备动作：［1—8］拍双叉腰准备位，左脚踏步，保持舞姿不动；［2—8］拍的4拍右手由腕部带动，配合呼吸，左脚前点步蹲，前斜下手位压腕，配合呼吸。

2. 主体动作：

［1—8］拍：1—4拍重心慢移到左脚踏步，双手随着上身的呼吸向前慢慢提腕；5—8拍慢慢打开到基本体态位，上身慢转至8点，视线看向8点斜上方。

［2—8］拍：1—5拍保持体态不动；6—8拍踏步蹲，配合呼吸，左脚前点步，斜下手位压腕，配合呼吸。

［3—8］拍：重复［1—8］拍动作，节奏改为四拍呼吸，四拍打开至基本体态位。

［4—8］拍：重复［3—8］拍动作，5—8拍重心在左脚，向右后转身至8点。

［5—8］拍：面朝8点，重复［1—8］拍动作，做反面动作。

［6—8］拍：面朝8点，重复［2—8］拍动作，做反面动作。

［7—8］［8—8］拍：面朝8点，重复［3—8］［4—8］拍动作，做反面动作。

［9—8］拍：1—4拍面朝2点上右脚，双臂由指尖带动铲手到斜上方，注意要有胸腰的动作；5—8拍双手经上方，指尖向下打开至基本体态位。

［10—8］拍：1—4拍朝4点往旁点位移重心，双臂直臂，手心朝上，从斜下到斜上位，目视8点方向；5—8拍绕腕从上到右踏步双叉腰准备位。

［11—8］拍：da拍左脚踏点在右脚上，面朝8点，双臂由指尖带动，从右斜上向旁斜下位移动，做［9—8］拍动作。

［12—8］拍：面朝8点，重复［10—8］拍动作，做反面动作。

［13—8］拍：1—4拍朝2点上步到正步位，提右腕给左肩做硬肩硬腕的动作，两拍

一次，共两次；5—8拍做交替硬腕硬肩动作的同时慢慢下蹲低头，一拍一次，共四次。

［14—8］拍：面朝8点，重复［13—8］拍动作，做反面动作。

［15—8］拍：向右旁做半脚尖小碎步，同时双臂从胸前位打开至平开手位，做软手的动作，8拍头留在左边，向右半转身到5点，同时双臂拉至斜上位手位。

［16—8］拍：面朝5点，重复［15—8］拍的软手动作。

［17—8］［18—8］拍：1—4拍上右脚大踏步，做揉臂动作，一拍一次，共四次；5—8拍转身朝7点立半脚尖，同时右臂拉至斜上或斜前位。

［19—8］拍：双手压腕拉至胯旁，同时小碎步下场。

注意要点

1. 做慢板的体态动作时，要注意时刻保持提胯立腰拔背的体态。

2. 腕部动作与肩部动作配合时，要注意发力点以及肩与腕的协调配合。

3. 做臂部动作时，要保持手臂舒展、腕部协调。在动作中展现手臂舒展自然的线条，展现出蒙古族舞蹈豪迈、自由、开放、舒展的风格特点。

教学示范

扫码获取教学示范视频及音频。

教学示范

示范图例

图3-8-1

图3-8-2

图3-8-3

图 3-8-4

图 3-8-5

图 3-8-6

图 3-8-7

图 3-8-8

第九节　蒙古族舞基础练习组合

学习目标

1. 初步了解蒙古族舞蹈的基本风格、动作特点。
2. 熟练掌握腕、臂、肩部动作与脚下步伐的协调配合。
3. 把单一的舞姿和组合基本动作有机结合。

组合基本动作

1. 基本体态：1—4拍重心慢移到左脚踏步，双手腕部随着上身的呼吸向前慢慢提腕；5—8拍慢慢打开到基本体态位。

2. 胸背：1—4拍面朝2点上右脚，双臂由指尖带动铲手到斜上方，注意要有胸腰的动作；5—8拍双手经上方，指尖向下打开至基本体态位。1—4拍面朝4点，往旁边位移重心，双臂直臂，手心朝上从斜下到斜上位，目视8点；5—8拍从上到右绕腕，踏步，双叉腰准备位，da拍左脚踏点在右脚上，面朝8点，双臂由指尖带动，从右斜上向旁斜下位做铲手的动作。

3. 垫步硬腕：左脚在前，向下垫步，向右走横线，上半身向前俯45°，双臂在前斜下方手背相对，做重拍在右的硬腕动作；换右脚在前向左走横线，上半身向斜上方仰身，双臂在前斜上方手背相对，做重拍在左的硬腕动作。

4. 耸肩：准备位双叉腰，做双耸肩动作，肩同时上起下放；做交替耸肩动作，单肩交替上起下放，注意保持提胯立腰拔背的体态。

组合练习

1. 准备姿势：正步位，面朝1点准备。

2. 主体动作：

[1—8]拍：1—4拍体前手小八字；5—8拍旁斜下手位，上右脚前踏步。

[2—8]拍：1—4拍平手位，上左脚前踏步；5—8拍移重心成左前点步位，身体向后靠。

[3—8]拍：重复[1—8]拍动作，同时腕部做硬腕的动作，两拍一次，共四次。

[4—8]拍：重复[2—8]拍动作，同时腕部做硬腕的动作，两拍一次，共四次。

[5—8]拍：1—4拍双手从体前打开，落斜下手位，同时右脚往旁追步，重心落右脚；5—8拍左脚前后点步，上身做右上左平、左上右平位手位的硬腕动作。

[6—8]拍：重复[5—8]拍动作，做反面动作。

[7—8]拍：上左脚垫步往右，同时上身前倾，双手前斜下做硬腕的动作，两拍一次，共四次。

[8—8]拍：上右脚垫步往左，同时上身立身，双手前斜上做硬腕的动作，两拍一次，共四次。

[9—8]拍：原地正步位，向下屈伸做先右肩的揉肩动作，两拍一次，共三次；7—8拍做左右硬肩的动作。

[10—8]拍：右脚移重心旁点，回后踏步，共两次；上身微后靠，做左右硬肩动作四次。

[11—8]拍：原地正步位，向下屈伸做先右肩的揉肩动作，两拍一次，共四次。

[12—8]拍：左脚移重心旁点，回后踏步，共两次；上身微后靠，做左右硬肩动作四次。

[13—8]拍：1拍朝4点方向并步蹲，身体微前倾，目视8点，同时耸肩一次；2拍不动；3—4拍做耸肩动作，一拍一次；5—8拍朝6点方向做同样的动作。

[14—8]拍：1—4拍抬右脚，立落右前，踏步蹲，同时做先右肩的单耸肩动作，

一拍一次；5—8拍做交替耸肩的动作，慢慢蹲下去。

［15—8］拍：重复［13—8］拍动作，做反面动作。

［16—8］拍：1—4拍重复［14—8］拍的前四拍动作；5—7拍右脚往旁迈步，面朝5点方向右踏步，同时做交替耸肩动作；8拍上左脚，转身，朝1点方向踏步，双叉腰舞姿。

注意要点

1. 提胯、立腰、拔背、敞胸，重心略偏后，呈微靠体态，这是蒙古族舞蹈中的基本体态。

2. 做硬腕动作时，五指要平伸，由腕部带动手掌有弹性地提、压。切忌手指主动用力，要突出腕部的顿挫感，干脆利落，柔中带刚。

3. 做肩部动作时，要沉下肩来，切忌端肩，不可憋气。硬肩有力，要有顿挫感；揉肩柔韧，连绵不断；耸肩重拍在下。

教学示范

扫码获取教学示范视频及音频。

教学示范

第十节　维吾尔族舞基本手位、脚位练习组合

★ 维吾尔族舞概述

作为丝绸之路上璀璨的艺术明珠，维吾尔族舞蹈承载着跨越千年的文化基因。其根系可追溯至公元8世纪鄂尔浑河流域的回鹘汗国乐舞体系，在历史长河中不断融合古西域龟兹乐舞的灵动韵律、波斯细密画的构图美学，以及佛教石窟艺术的肢体语言。这种受到多元文化滋养的艺术形式，历经高昌回鹘时期的宗教仪式嬗变、喀喇汗王朝的宫廷艺术提炼，最终在察合台汗国时期形成以绿洲文明为基底的舞蹈范式。

维吾尔族人民历来以能歌善舞著称，其舞蹈风格特色鲜明，主要特点是身体各部位的动作与眼神配合，用以传情达意。舞蹈中从头、肩、腰、臂到脚趾都有动作，且常常伴随着眼神的灵动运用，能够表达出各种丰富的情感。此外，维吾尔族舞蹈还注重通过不同幅度的动作对比，以及特有的装饰性动作，如移颈、打指、翻腕等，传递热情、豪放但不轻浮，稳重、细腻却不琐碎的风格韵味。

维吾尔族舞蹈的类型丰富多样，现流传的主要形式有赛乃姆、刀郎舞、萨玛舞、夏地亚纳、纳孜尔库姆、盘子舞、手鼓舞等。每一种舞蹈都有其独特的韵律和风格，反映了维吾尔族人民生活的多个方面。

在维吾尔族舞蹈的现代化转型中，舞蹈家康巴尔汗·艾买提开创了“非遗活化”新范式。其代表作《十二木卡姆印象》运用全息投影技术，将龟兹壁画复原为动态舞蹈场景。这种“科技赋能传统”的创新实践，使维吾尔族舞蹈在非物质文化遗产的保护框架下焕发生机。

作为活着的文明路标，维吾尔族舞蹈不仅是肢体艺术，更是解码丝绸之路文明的重要密钥。在“一带一路”的文化语境下，它以动态基因库的方式，为人类命运共同体提供古老而鲜活的东方智慧。

学习目标

1. 初步了解维吾尔族舞蹈的基本手型、基本手位、脚位和步伐等动作的韵律特点。
2. 了解并掌握维吾尔族舞蹈的舞姿和舞蹈的韵律感。
3. 将维吾尔族的舞姿和组合基本动作有机结合。

组合基本动作

1. 手型：五指自然平伸，大拇指和中指微微靠拢，与兰花指有些相似（图3–10–1）。

2. 准备位：双手虎口轻卡在腰上，腕部放松压下；提胯、立腰、拔背、昂首、挺胸的体态（图3–10–2）。

3. 手位：斜下手位、横手位、双托式、花篮式、上托横手位、托帽式（图3–10–3至图3–10–8）。

4. 脚位：前点步、踏步位、斜后点步（图3–10–9至图3–10–11）。

5. 摊绕腕：手掌心朝上，手指尖慢慢展开到头，然后由指尖带动快速地向里向下做绕弯动作，绕完后立腕，手指慢慢展开。

6. 挑腕：腕部发力带动手掌向上，做小而脆的挑腕动作。

组合练习

1. 准备姿势：小八字步位，面朝1点准备。

2. 主体动作：

［1—8］拍：目视左手横手位，做摊绕腕，两拍一次，共四次。

［2—8］拍：目视右手横手位，做摊绕腕，两拍一次，共四次。

［3—8］拍：目视1点方向，做横手位上的双手摊绕腕，两拍一次，共四次。

［4—8］拍：目视左手从斜下到横手位，做挑腕，一拍一次，共八次。

［5—8］拍：目视右手从斜下到横手位，做挑腕，一拍一次，共八次。

［6—8］拍：目视1点方向，做从斜下到横手位的双手挑腕，一拍一次，共八次。

［7—8］拍：1—4拍双手从体前斜下交叉打开经过，做绕腕；5—8拍停在斜下手位舞姿。

［8—8］拍：1—4拍双手从胸前交叉打开经过，做绕腕；5—8拍停在横手位舞姿。

［9—8］拍：1—4拍双手从胸前交叉打开，提至斜上经过，做绕腕；5—8拍停在双托式舞姿。

［10—8］拍：1—4拍右、左手分别在胸前做向里的掏绕，到右花篮式；5—8拍停在花篮式舞姿。

［11—8］拍：1—4拍左手从体前、右手从体旁经过绕腕动作到上托横手位；5—8拍停在左上托横手位舞姿。

［12—8］拍：1—4拍右手从体前、左手从体旁经过绕腕动作到上托横手位；5—8拍停在右上托横手位舞姿。

［13—8］拍：1—4拍朝2点方向右手落肘，左手向上，经过掏绕腕动作到左托帽式；5—8拍停在左托帽式舞姿。

［14—8］拍：1—4拍朝8点方向左手落肘，右手向上，经过掏绕腕动作到右托帽式；5—8拍停在右托帽式舞姿。

［15—8］拍：1—2拍撤右脚，到左脚前点步位，同时双手回双叉腰；3—8拍保持舞姿不动。

［16—8］拍：1—2拍移动重心到左脚，到踏步位；3—8拍保持舞姿不动。

［17—8］拍：1—2拍移动重心到右脚，左脚点在右脚斜后方，到斜后点步位，上身提胯立腰，目视2点方向；3—8拍保持舞姿不动。

［18—8］拍：1—2拍移动重心到左脚，右脚点在左脚斜后方，到斜后点步位，上身提胯立腰，目视8点方向；3—8拍保持舞姿不动。

［19—8］拍：1—4拍右脚回小八字步位，双手体前斜下交叉；5—8拍双手经过绕腕动作，回到双手叉腰准备位。

注意要点

1. 注意维吾尔族舞蹈提胯、立腰、拔背、昂首、挺胸的体态，给人一种挺拔高傲的感觉。

2. 做维吾尔族舞蹈的手腕和手位动作时，注意手掌和手指尖一定要延伸到头，切忌用力和僵硬，要做到挺而不僵。

教学示范

扫码获取教学示范视频及音频。

教学示范

示范图例

图 3-10-1

图 3-10-2

图 3-10-3

图 3-10-4

图 3-10-5

图 3-10-6

图 3-10-7

图 3-10-8

图 3-10-9

图3-10-10

图3-10-11

第十一节　维吾尔族舞动律和步伐练习组合

学习目标

1. 初步了解维吾尔族舞蹈的基本风格、动作特点。
2. 熟练掌握上身动律，腕部动作与脚下步伐协调配合。
3. 将单一的舞姿和组合基本动作有机结合。

组合基本动作

1. 提裙手碎步：双手提裙，三指（大拇指、食指、中指）捏裙边角，拉至斜下手位的位置；脚下立半脚尖，小碎步，一拍两步。

2. 摇身点颤动律：摇身——在提胯立腰拔背的体态下，用鼻子尖带动上身前后摇动身体；点颤——膝盖微微颤动，脚下前脚掌在地面有节奏、有推动地点颤。

3. 横垫步：在点踏步的基础上，膝盖微微放松，略屈膝；由右、左脚的前脚掌内侧抹地面，再到脚后跟拧地面，da拍上右、左脚在旁点踏，向旁移动或转身。

4. 三步一踢：由右、左脚带动，在半脚尖上向前或向后走三步，da拍上右、左脚向后踢一次。

5. 点转：在横手位上双脚打开，右脚在旁边全脚点转，落脚点在7点和3点方向上，身体保持不动。

组合练习

1. 准备姿势：[1—8][2—8]拍提裙手碎步，从两边出场；[3—8]拍转身，面朝1

点方向落脚准备。

2. 主体动作：

［1—8］拍：双手下提前斜下交叉，经绕腕打开至斜下手位，同时屈膝，左脚向后撤脚，到右前点步位。

［2—8］拍：双手指尖配合动律在da拍上做弹指动作，做摇身点颤动律，两拍一次，共四次。

［3—8］拍：双手在胸前交叉，经绕腕打开至横手位，同时移重心在右脚，成踏步位。

［4—8］拍：做摇身点颤动律，两拍一次，共四次。

［5—8］拍：落左手，起右手，向8点方向掏绕至左托帽式，同时移重心在左脚，成右斜后点步位。

［6—8］拍：在左托帽式舞姿的基础上，面朝8点方向做摇身点颤动律，两拍一次，共四次。

［7—8］拍：落右手，起左手，向2点方向掏绕至右托帽式，同时移重心在右脚，成左斜后点步位。

［8—8］拍：在右托帽式舞姿的基础上，面朝2点方向做摇身点颤动律，两拍一次，共四次。

［9—8］拍：da拍左脚小腿向上踢，落前，同时左手提裙手，右手向体前，经绕腕拉至右上托式，向左走横垫步。

［10—8］拍：保持上托提裙手，横垫步向右后方转一圈。

［11—8］拍：重复［9—8］拍动作，做反面动作。

［12—8］拍：保持上托提裙手，横垫步向左后方转一圈。

［13—8］拍：双手向右斜后，经绕腕拉至斜后斜下位，脚下向后走三步一踢，四拍一次，共两次。

［14—8］拍：双手向左斜后，经绕腕拉至斜后斜下位，脚下向后走三步一踢，四拍一次，共两次。

［15—8］拍：重复［13—8］拍动作。

［16—8］拍：重复［14—8］拍动作。

［17—8］拍：双手向右斜后，经绕腕拉至左反叉腰右单托帽式，脚下向后走三步一踢，四拍一次，共两次。

［18—8］拍：双手向左斜后，经绕腕拉至左反叉腰左单托帽式，脚下向后走三步一踢，四拍一次，共两次。

［19—8］拍：重复［17—8］拍动作。

［20—8］拍：重复［18—8］拍动作。

［21—8］［22—8］拍：做点转动作，四拍一次，共四次。

［23—8］拍：撤左脚，成单跪式，双手在胸前交叉，经绕腕至双托式手位。

［24—8］拍：在单跪双托式舞姿的基础上，做弹指移颈动作。

［25—8］拍：1—4拍右手往里，双手掏绕到花篮式，同时落右脚到双跪式；5—7拍做移颈动作；8拍回身，同时双手指尖向下，穿至左斜下右胸前的平掌舞姿，目视8

点斜下方，结束。

注意要点

1. 注意维吾尔族舞蹈挺而不僵，颤而不窜，上身撒得开，脚下不离散。
2. 在上身动律和舞姿配合的基础上，要通过肢体把节奏和动律做得清晰、明确。
3. 移颈动作是维吾尔族舞蹈的代表性动作，要提前单独练习、掌握。

教学示范

扫码获取教学示范视频及音频。

教学示范

第十二节 羌族舞动律练习组合

★ 羌族舞概述

羌族自称尔玛，是中国西南地区的一个古老民族，主要生活在中国四川的岷江流域。羌族保留着原始信仰，相信万物有灵，这一特点也在羌族舞蹈中得以体现和升华。作为华夏古羌文明的活态遗存，羌族舞蹈可上溯至殷商甲骨文中"羌方"的祭祀踏歌。三星堆青铜神树上的连臂踏歌纹饰，与当今汶川羌寨"席步蹴"中的环形队列形成跨越三千年的时空呼应。这种"以舞述史"的传统，使羌人在南迁中，融合了藏彝走廊的巫傩文化、岷江流域的农耕文明，形成了独特的"云朵上的舞蹈"体系。

羌族舞蹈的风格特色强烈，舞风古朴、典雅、粗犷、优美。舞蹈常用的伴奏乐器是锣鼓和竹笛，其中锣鼓带有强烈的节奏感，而竹笛则发出清脆悠扬的音色，为舞蹈增添了丰富的音乐层次。舞蹈在羌族的生活中具有重要的意义，不论是婚丧嫁娶，还是逢年过节，乃至日常生活中的放牧、盖房、收割等活动，羌族人民都会跳舞。舞蹈已经成为羌族人民生活中不可或缺的一部分，也是羌族文化的一个重要表现形式。

羌族舞蹈主要分为自娱性舞蹈、祭祀性舞蹈、礼仪性舞蹈和集会性舞蹈四大类。自娱性舞蹈的代表有"莎朗"和"席步蹴"，与节日、喜庆活动紧密相连；祭祀性舞蹈中，羊皮鼓舞和铠甲舞尤为突出，前者在祭祀活动中进行，后者则是为战死者、民族英雄和有威望的老人举行的隆重葬礼舞蹈；礼仪性舞蹈通常在迎宾待客时表演，韵律特殊，胯部动作较多；集会性舞蹈则是以男性为主的集体舞。

羌族舞蹈有许多经典之作，如《莎朗》《席步蹴》《莫恩纳沙》《克什几黑苏得》《跳甲》《忍木那耸瓦》等。

作为横断山脉的文化基因库，羌族舞蹈承载着“民族迁徙走廊”的历史记忆，以其独特的身体叙事参与中华文明多元一体的建构。在铸牢中华民族共同体意识的时代语境下，羌族舞蹈以其跨越时空的文化对话能力，为全球非物质文化遗产保护提供了中国范本。

学习目标

1. 初步了解羌族舞蹈的基本风格、动作特点。
2. 熟练掌握羌族舞上身动律，腕部动作与脚下步伐协调配合。
3. 拓宽视野，广泛积累少数民族舞蹈素材，不断提高舞蹈鉴赏、表演能力。

组合基本动作

1. 轴向转体：以身体中线为轴心，头部和颈部保持中线不动，从肩膀开始向左、右横向转动，同时双膝慢蹲慢起（图3-12-1）。

2. 立圆筛胯：双手握空心拳，分别放在体前和体旁，双臂跟着胯部经下弧线蹲，左右画一个立半圆（图3-12-2）。

3. 顶转胯：双手握空心拳，收肘，小臂立在体前，右脚踏点在左脚旁，在踏的同时右胯部向前顶转。

4. 平圆转胯：右脚踏点在左脚旁，在踏点的同时用右胯带动整个胯和臀，从前到后画一个平圆，注意上半身保持不动，踏点与画圆的节奏配合。

5. 绕圆动律：先往旁上右脚，同时左肩画圆，再到提右肩绕圆，再落脚到踏步打开，前俯身并向下颤动（图3-12-3）。

6. 踏步轴向转体（前、后）：双手扶胯，先上左脚踏步屈膝，向前微俯身，轴向右转，配合踏步前后交替，分别向前、向后移动。

组合练习

1. 准备姿势：正步位，站姿准备位。

2. 主体动作：

[1—8]拍：1—4拍右轴向转体，动律为两拍蹲、两拍起身；5—8拍右轴向转体，两拍一次，共两次。

[2—8]拍：1—4拍左轴向转体，动律为两拍蹲、两拍起身；5—8拍左轴向转体，两拍一次，共两次。

[3—8]拍：重复[1—8]拍动作。

[4—8]拍：重复[2—8]拍动作。

[5—8]拍：做立圆筛胯，两拍一次，共四次。

[6—8]拍：做立圆筛胯，两拍一次，共四次。

［7—8］拍：面朝1点方向，原地做顶转胯动作，一拍一次。

［8—8］拍：向左转身，自转一圈，做顶转胯动作。

［9—8］拍：原地做平圆转胯动律，一拍一次。

［10—8］拍：向左转身，自转一圈，做平圆转胯动作。

［11—8］拍：往旁打开，上右脚，做绕圆动律一次。

［12—8］拍：做绕圆动律一次。

［13—8］拍：做绕圆动律一次。

［14—8］拍：做绕圆动律一次。

［15—8］拍：1—4拍向前，上左脚做踏步，轴向转体，向前四步；5—8拍原地半蹲，做轴向转体四次。

［16—8］拍：1—4拍向后，撤左脚做踏步，轴向转体，向前四步；5—8拍原地半蹲，做轴向转体四次，结束。

注意要点

1. “一顺边”强调同手同脚的姿态，注意要保证肩部的转动同胯部的运动方向一致且有力，注重律动的表现，强化节奏感。

2. 注重身体的轴向运动，要保证身体的重心放在一条腿上，保证胯部的甩动有力且协调。要注重胯部运动轨迹，凸显羌族舞蹈的胯部优美线条。

3. 手臂的动作要与舞蹈的节奏和舞步协调一致，手臂应该表现出柔和自然的感觉。

教学示范

扫码获取教学示范视频及音频。

教学示范

示范图例

图3-12-1

图3-12-2

图3-12-3

第十三节　羌族舞基础练习组合

学习目标

1. 初步了解羌族舞蹈的基本风格、动作特点。
2. 熟练掌握羌族舞上身动律，腕部动作与脚下步伐协调配合。
3. 拓宽视野，广泛积累少数民族舞蹈素材，不断提高舞蹈鉴赏、表演能力。
4. 增强热爱少数民族文化的情感。

组合基本动作

1. 垫步顶胯：侧身准备，左手握空心拳在体前，脚下垫步，同时右胯做顶胯动作。

2. 顺摆步顶转胯：1—4拍左脚前脚掌踏点，右脚和身体往一边，顺摆膝部，并颤动两次，同时手臂在体前体旁呈平掌手型，手心朝下做左后横摆的动作；5—8拍原地做顶转胯动作。

组合练习

1. 准备动作：

［1—8］拍：左手搭肩，一横排从侧台出场，右手牵右后飘带，做垫步顶胯动作。

［2—12］拍：1—8拍左手放下，向左后方自转一圈，回到中间；9—12拍右手把飘带带出，在原地转一圈。

2. 主体动作：

［1—8］拍：1—4拍右轴向转体，动律为两拍蹲、两拍起身；5—8拍右轴向转体，两拍一次，共两次。

［2—12］拍：1—4拍左轴向转体，动律为两拍蹲、两拍起身；5—8拍左轴向转体，两拍一次，共两次；9—12拍自转一圈。

［3—8］拍：朝8、4点方向左手扶胯，右手握空拳，经绕腕到体前体旁，脚下做迈步到踏步蹲的动作，目视手的方向。

［4—8］拍：朝2、6点方向重复［3—8］拍动作，做反面动作。

［5—8］拍：做顺摆步顶转胯动作一次。

［6—12］拍：1—8拍做顺摆步顶转胯动作一次；9—12拍两人向中间靠拢为一组，右手边的人转身面朝5点方向。

［7—8］拍：分别朝1、5点方向做立圆筛胯动作，两拍一次，共四次。

［8—8］拍：两人一组做顶转胯动作，左右交换位置后转身，面朝1、5点方向。

［9—10］拍：做立圆筛胯动作，两拍一次，共四次；9—10拍右手边的人做顶转胯动作，左手边的人转身面朝1点方向。

［10—8］拍：平圆转胯，小幅度移动到原来的位置。

［11—12］拍：平圆转胯，向左转身一圈到1点方向。

［12—8］［13—8］［14—8］拍：做绕圆动作三次。

［15—12］拍：1—8拍做绕圆动作一次；9—12拍停在左前方，保持俯身踏步舞姿，向右转一圈。

［16—8］［17—8］拍：做绕两圈的绕圆动作，四拍一次，共四次。

［18—10］拍：1—4拍先撤左脚，向后做踏步，轴向转体；5—8拍上左脚，向前做踏步，轴向转体；9—10拍左转身落单跪式，左手害羞扶嘴，右手手心朝前，向前推出，结束。

注意要点

1. 羌族舞蹈注重腰部的柔韧性和胯部的灵活性，需要熟练掌握胯部转动，合理运用腰部力量，展示出羌族舞蹈的独特风格。

2. 注重身体的轴向运动与脚下动作协调配合。

3. 注意舒展、自然的手臂动作。

教学示范

扫码获取教学示范视频及音频。

教学示范

参考文献

［1］王钦．舞蹈基础［M］．上海：上海交通大学出版社，2023.
［2］马路明，胡菲菲，李明明．舞蹈与幼儿舞蹈创编［M］．哈尔滨：哈尔滨工业大学出版社，2022.
［3］贾任兰，任红军．幼儿歌舞创编实用教程［M］．3版．上海：复旦大学出版社，2021.
［4］王钦，张天敬，穆田恬．幼儿舞蹈创编［M］．北京：首都师范大学出版社，2020.
［5］谢琼．幼儿舞蹈教师职业能力培训教程［M］．上海：复旦大学出版社，2018.
［6］谢琼，刘敏．幼儿教师舞蹈技能训练［M］．上海：复旦大学出版社，2013.
［7］陈康荣．舞蹈基础［M］．2版．上海：复旦大学出版社，2011.
［8］周小丹．“浸润、内化、生长”——高职学前教育专业幼儿舞蹈教学改革研究［J］．现代职业教育，2024,（23）：114-117.
［9］李吉祥．中华优秀传统文化融入幼儿舞蹈教学的实践与路径探究［J］．齐齐哈尔高等师范专科学校学报，2023,（6）：123-125.
［10］杨钰雪．高职院校学前教育专业《幼儿舞蹈创编》课程教学改革探究［J］．戏剧之家，2023,（4）：145-147.
［11］郭婷婷．高职学前教育专业“项目式”舞蹈教学实践研究［J］．北京舞蹈学院学报，2022,（1）：124-131.
［12］刘锋．论职前幼师舞蹈教学技能实操性的培养［J］．现代交际，2020,（9）：23-24.
［13］袁婷婷．幼师舞蹈技能的现状分析［J］．青年文学家，2012,（21）：101.